内部告発の時代

組織への忠誠か社会正義か

宮本一子

NACS叢書

花伝社

「内部告発の時代」

――組織への忠誠か社会正義か――

◆目次

第六章　イギリスのケース

第七章　韓国のケース

第八章　国際機関

第九章　内部告発者世界大会からの報告

第一〇章　日本人の「内部告発」についての意識

第一一章　ビジネス倫理と企業の対応

第一二章　効果的な法と効果的な企業対策

はじめに

私が彼女とめぐり合ったのは、ある医療関連市民団体の合宿に参加した二〇〇一年の夏だった。合宿の初日の自己紹介で、「国立大学付属病院の看護婦長をしていたとき、医療事故に遭遇し、内部告発をして退職に追い込まれた。医療事故は組織的に隠蔽されている」と発言した人がいた。仮にA子さんとする。

A子さんとは、偶然同じ宿泊部屋に割り当てられた。私はそのとき、すでに内部告発についての原稿に取りかかっており、その夜はグループの人たちの飲み会や夜の散策に参加せず、同室の人と一緒にA子さんの話を聞いた。

国立大学付属病院では、数々の医療過誤を組織は見て見ぬふりをし、問題にすらしなかったこと、行政やマスコミ、病院労組、看護婦協会、弁護士などに相談し、また告発したが、いずれも積極的に取り上げられなかったこと、病院からの組織的な圧力や嫌がらせがあり、度重なる配置転換、昇給差別、ビラによる個人的誹謗などにあい、ＰＴＳＤ(心的外傷後ストレス障害)になって、結局退職したこと、支持してくれた看護婦にまで圧力がかかり、彼女らも退職したこと、孤立無援状態の中で、最後は信仰に救いを求めたこと、などであった。合宿後も、A子さんが東京に出てきた折にもう一度取材をしている。

A子さんは次のような具体的な事例を語ってくれた。子宮ガン治療に使用される「腺源」という放射能装置の脱落によって、看護婦や医師、清掃担当者などへの被爆への恐れがあったケース、足の親指の痛みで来院した患者に硬膜外麻酔を注射して、下半身麻痺になったケース、舌癌の手術後患者に径管栄養を、点滴チューブに入れて患者が死亡したケース、などがあったが、「国立大学病院にはミスはない。あったとしてもそれは不可抗力であり、ミスではない」という態度が病院全体に蔓延していたという。

国立病院の医療事故について、その後二〇〇二年三月五日の朝日新聞に「繰り返す単純ミス」として大きく取り上げられた。医療器具の操作ミス、投薬ミス、体内への器具置き忘れ、手術部位の間違いなどが繰り返されているという。国立病院や国立大学付属病院は特に行政の監督が厳しく、不祥事や事故の発覚を恐れ、組織を挙げて外部に漏れることに過剰反応をすると、A子さんは言っていた。

A子さんは、話の節々に医療従事者の使命、命の大切さを力説した。組織の利益、職場の仲間からの孤立、キャリア、収入、指導者としての地位の喪失、家族など、輻輳する利害と比較考量しても、なお患者の命を最優先する意識が、A子さんに病院の方針に逆らう「告発」という勇気を振るい起こさせたのである。「人間のいのちの大切さ」という重い課題を背負って、A子さんは今なお、医療被害者救済、医療事故防止の運動に参加している。

A子さん以外にも私は、中学校の先生が「暴力教員」追放の運動を起こし、喧嘩両成敗で教育現場から追われた、などの事例報告も受けている。過去には内部告発によっていじめにあった人々はまさに死屍累々であったろう。

しかし最近は様子が激変した。特に二〇〇二年は内部告発に関する記事が多くなった。外務省と国会議員・鈴木宗男氏の件で、内部告発が続出した。その中でも国会議員二人に速達で届けられた内部告発文にまつわる興味あるケースが新聞報道にあった。一人の議員は、早速開封し数時間後に迫っていた国会での参考質疑で、その告発の中にある「ムネオハウス無競争入札」に関する資料を公開して、国民に大きな衝撃を与えた。その後、質問をした議員は脚光を浴び、各放送局から〝引っ張りだこ〟で、一躍有名になった。一方もう一人の議員は、開封が遅れ、資料を見たときはすでに自分の質疑時間が終わっていて、明暗を分けた。政治家としては、折角自分を指名して送ってくれた告発の資料を生かすことができず、数時間の遅れで他党の議員に名をなさしめたということになる。内部告発が国会議員を巻きこんで、大きな価値を生み、脚光を浴びたケースである。

内部告発についての原稿を書き始めてからのこの二年間に状況は大きく変化している。特にマスコミ、政治家、市民運動家、企業人の間では顕著である。グローバリゼーション、市場競争、説明責任、情報公開、ビジネス倫理、ステークホルダー（従業員、地域住民、株主、消費者など）、市民社会などのキーワードの中に、抵抗なく「内部告発」のワードが含まれる時代もまもなく来るのではなかろうか。そのような熱い思いで、この本を書き上げた。

私の所属する団体は企業の社員も含まれていて、その企業人からこれまでの私の発言に対して、「あなたの主張は、企業内で誤解を受けかねず、けしからん」という投書もきたりした。このような人たちにも理解と協力が得られるような内容になっているか一抹の不安もある。最後に、本書の出版にあたって、（社）日本消費生活アドバイザー・コンサルタント協会幹部の励まし、花伝社社長平田勝氏が寄せてくださった共感、夫・倫好の協力に感謝の意を伝えたい。

二〇〇二年三月一五日

宮本一子

第一章　新しい権利の誕生になるか

一　内部告発者はイエロー・カードを渡す人

二〇〇一年九月二一日夕刻、参議院議員会館に弁護士出身のある女性議員を訪問した。メンバーは、私を含め、かつてＰＬ法（製造物責任法）の制定運動に積極的に参加した消費者運動家の四人。

訪問の目的は、「内部告発者保護」について話し合うことだった。「内部告発者保護」を、市民の次なる権利として立ち上げるにはどうすれば良いのか、というのが中心的な話題だった。アメリカやイギリスでは内部告発者保護を、女性差別、セクシャル・ハラスメント、人種差別などの反対運動に次ぐ、新しい権利運動と位置付けているし、現在も各種の運動団体が積極的に活動を展開している。

私は五年ほど前から、アメリカやイギリスの内部告発者保護の制度や運動について資料を読み、消費者問題の雑誌などに、そのことを報告していたが、反響は少なく、議論にまで発展することはなかった。

しかし二〇〇〇年に起きた三菱自動車の事故隠しに続いて、二〇〇二年に起こった狂牛病に関する肉骨粉事件、雪印食品表示偽装事件の背景に内部告発があったことが公にも知られるようになり、やや風向きが変わってきたという印象を持つようになった。他にも、埼玉県庄和町朝倉病院の過剰医療・医療費不正請求、外務省の公金不正使用などが、内部告発によって発覚した。

二〇〇〇年の秋、私の所属する消費生活研究所で、内部告発に関する意識調査を実施し、欧米や国際機関の状況などを中心に「内部告発」について論文をまとめた。その後小さな集会などで話す機会が与えられ、さらに日本経済新聞から執筆依頼があった。その結果、反響が大きく、上記の国会議員との会合にまで発展したのである。

欧米では近年、内部告発者保護法がかなり整備されつつあるものの、日本では緒についたばかりである。そもそも「内部告発」という言葉自体、正確に認識されていない。だから、前記の会合では、内部告発者保護の考え方を日本に導入するには、まず欧米の法律の勉強をはじめる必要があるのではないか、この勉強会は超党派であるべきで、最初は少人数であっても徐々にネットワークを広げ、ＰＬ運動のノウハウを活かしていこう、ということになった。

ＰＬ法運動も最初は勉強会や検討会を重ね、弁護士、国会議員、行政マン、消費者運動家、学者、一般人などに徐々に輪を広げていったのだが、やはり一、二年の雌伏の時代があった。「内部告発者保護」も新しい権利運動として今後発展するなら、この日がその起点になるだろうという思いが、参加者全員の胸をよぎったに違いない。

内部告発制度導入の必要性を説く報告書

時を同じくして、内部告発制度導入の必要性を説いた報告書が現れた。内閣府国民生活局消費者企画室主催で行なわれた研究会「自主行動基準作成の推進とコンプライアンス経営――新たな消費者行政の枠組みのための検討課題」の報告書である。

検討会に参加したメンバーは、学者、企業と消費者の代表など一二人である。その中で企業が自主的に行動するルール作りとその実効性を確保するための枠組みとして、「内部告発者が不利益を被らないように保護する制度を日本でも検討に値する」としている。この報告書は消費者分野での内部告発者保護の提唱であり、たとえば医療機関の誤診、行政の不正支出、環境汚染などをカバーするものではないが、とにかく行政から出された報告書に、「内部告発者保護」が提案されたのは画期的な前進であろう。

ただ日本の内部告発者保護運動が起きる前に、行政が検討の必要性を主張したことに、日本の消費者運動の特徴を見ることができる。戦後、日本社会は経済的発展が急務であった。その結果、公害や不良商品といった問題が噴出し、消費者団体が活躍したが、企業と従業員の深く密着した関係に楔を打ち込んで、内部告発を奨励するほどのパワーはなかった。歴史的にも、運動のテーマは食品や商品の安全性などに限られていた。欧米に比べると、運動団体には男性の専門家などの参加が少なく、世界に伍してダイナミックなテーマとして取り組むことができなかった。しかしここにきて、ようやく退職男性で消費者問題の重要性に関心を持つ人が増え始めた。内部告発者保護運動も様相が変わるかもしれない。

告発者＝社会のために積極的に行動する人

日本語の「告発」を岩波国語辞典で引くと、「犯人と被害者以外の第三者が、犯罪事実を検察関係者に知らせて訴追を求めること」となっていて、犯罪と結びつくニュアンスがある。ところが、私たちが実施した「内部告発に関する意識調査」では、驚くほど肯定的な回答が多かった。欧米流の「Whistleblower　ホイッスルブロウワー」（笛を吹く人＝警告する人）という意味に近く受け取る人の方が増えているように思われる。

英語のホイッスルブロウワーは、元々スポーツ用語で、ルール違反などに対して、特にサッカーのレフリーが、イエロー・カードを競技者に手渡す役割と同じである。

オランダでは、告発者に「鐘を鳴らす人」という表現が使われるという。地域社会に危険が迫ったときに、教会が鐘を鳴らして警告したところからきた。また「灯台守」と言う表現を使う国もあるらしい。船舶に、座礁などの危険の存在を示し、安全な航路を確保するという意味である。さらにアメリカでは、エシカル・レジスタント（倫理的抵抗者）とも呼ぶ。これら欧米の表現には、日本語の語感の持つ暗いイメージはなく、「社会のために積極的に行動する人」という意味合いが強い。

二　ネーダーが推進役

アメリカの内部告発運動は、一九六〇年代のベトナム反戦運動、公民権運動、消費者運動の高まりの中で、反体制ムードと相まって大きく発展するが、内部告発の奨励、告発者保護の歴史は古く、一世紀以前に溯ることになる。

消費者運動家ラルフ・ネーダーは、アメリカの内部告発者保護運動を積極的に行なってきた人としてよく知られている。彼が消費者運動のリーダーとして一躍有名になったのは、巨大自動車メーカーGMを告発した著書『どんなスピードでも危険』が世界に衝撃を与えたからである。その後、学生や若者を中心に組織をつくり、幅広い市民運動の礎石を築いた。ネーダーは度々日本を訪れ、消費者団体と交流を持っているが、私は講演を聴いただけである。しかしニューヨークに在住していたとき、あるいは帰国後取材で訪米したときなど、各地で訪ねた市民運動の事務所の多くが、ネーダー関連の組織であった。アメリカで内部告発者保護運動を積極的に展開している「政府の説明責任を求める会」(GAP・Government Accountability Project) は、ネーダーが東海岸地域で学ぶ法学部の学生を中心に結成した組織である。

ネーダーは一九六〇年代から七〇年代には、〝大統領にしたい四人〟のうちの一人に選ばれたほど人気があった。ジミー・カーターが大統領になったとき、「私のライバルは、ネーダーである」

とコメントし、多くの消費者運動家を側近や行政に取り込んでいったものである。

欠陥自動車の内部告発

そのネーダーが内部告発者保護運動にも力を入れたのは、欠陥自動車の回収や訴訟に内部告発者と関わったからである。

一九六〇年代後半、アメリカの自動車は日本の小型車に押されていた。フォード社のリー・アイアコッカ社長は、日本車に対抗する七一年型モデルを出したかった。そこで重量が二〇〇〇ポンド以下、価格が二〇〇〇ドル以下の新車ピントを製造するように命じた。通常新しいラインでは、デザインして生産するのに、四三か月かかるところを、急がされて二五か月で作らなければならなかった。

当時は、後部の衝撃テスト基準がまだなかったので、ピント車はこのテストを省略した。ただ技術者は、後部の衝撃テストは前部テスト基準に準じて、標準的には行なわれていることを知っていた。

完成後のテストでは、ピント車は小型車としても、当時の安全テストに適合していなかった。時速二〇マイル以上で後部に追突されると、バンパーのボルトで穴があくような位置に燃料タンクが設置されていた。衝撃でガソリンが漏れ、引火して爆発をおこす可能性があった。

予防措置としては、燃料タンクとバンパーの間に隔壁を置けば、他の小型車並に安全になるが、一台に六・五ドルから一一ドルのコストが余計にかかる。フォード社はここで死亡事故で告訴された場合と追加の修復コストを比較して、隔壁を入れない方が安いと結論した。

しかし販売後、事故が続出した。七六年から七七年の一年間で、後部座席の衝突火災事故が一三件。同型車の倍となり、補償金は、五〇〇〇万ドルと、隔壁追加コストの二〇〇〇万ドルをはるかに上回った。さらに七八年にはリコールせざるを得なくなった。

当時重役であったハーリー・コップは、最初から会社のやり方を批判していたが、辞職して告発を続け、これにラルフ・ネーダーが同調して、回収、事故による損害賠償訴訟へと持ち込んでいった。

ネーダーは『どんなスピードも危険』を書いた後、GMから素行調査や女性を使った誘惑などの過剰なプライバシーの侵害にあい、訴訟を起こして莫大な賠償金を獲得していた。それをすべて学生の消費者運動団体の結成、育成、運動推進に投じたが、内部告発者保護運動はその後大きく発展した。こうして世界の消費者運動に大きな影響を及ぼしたラルフ・ネーダーが、内部告発者保護運動を推進する基礎を固めることになった。

三　日本にもすでに内部告発者保護規定が導入

日本の法律にも一部、内部告発者保護規制があるということはあまり知られていない。

二〇〇〇年一一月「核原料物質、核燃料物質及び原子炉の規制に関する法律」が一部改正されて、「全事業に対し、従業員の安全確保改善提案制度の創設」を新しく加えた。

インターネットのホームページの説明には、「原子炉施設において、安全規制などに違反する事実があるような場合に、不利益処分の禁止により規制官庁に申告しやすい環境を整備」とある。この説明からは、内部告発者保護を規定している条文とはわかりにくいが、原子力施設では、安全基準に違反している場合、従業員や関係者が監督官庁に通報しても、つまり内部告発しても、企業は差別などの不利益をしてはならないと言っている。

この法改正のきっかけになったのは、一九九九年秋、茨城県東海村のＪＣＯ東海事業所で起きた臨界事故である。ウラン溶液の製造過程で、正規の装置を使わず、ステンレスのバケツで作業をしていて、二人が大量の放射線を浴びて死亡し、地元住民を不安に陥れた事件であった。後に作業を簡略化するための裏マニュアルも作成されていて、会社ぐるみの違法行為だったことが判明した。

この事故をきっかけに、原子力の安全規制の抜本的な強化が検討された。それが改正に繋がったわけである。

国全体で進む規制緩和の影響で、従来国が行なってきた安全審査は現場の自主審査へと移行しつつあるが、原子力発電は特に高度な安全性対策が必要であり、行政の監督強化と共に、社員による自主的なチェック、監視、通報という内部告発の承認を導入したのである。

原子力の安全性に疑問を持たれることは、石油エネルギーの使用が温暖化という環境問題としての国際的な制約を受けているときに、最も避けたいことである。内部告発者保護という、当時はまだ国民の間で認識されていない制度をあえて導入してでも、原子炉の安全は守らなければならない国の重要課題であった。

この法改正を、正面から取り上げる新聞はほとんどなかった。監督官庁である資源エネルギー庁も、アメリカのように内部告発者からの通報が多くなれば、調査などの対応ができない恐れがあり、あまり宣伝できなかったと非公式に認めている。しかし同法は、従業員の強い忠誠心に依存して機密保持を行なってきた日本企業に、意識転換を迫る画期的な意図をもっているのである。

監督官庁に容易に通報できるシステム

法改正ではなく、システムの導入によって内部告発者が容易に監督官庁に通報できるようにしたケースがある。

二〇〇〇年七月、内部告発を受けて、運輸省が三菱自動車の本社と乗用車技術センターに立ち入り検査をし、道路運送車両法の違反を突き止めた。リコール関連の情報を隠し、届出の義務を果たさず、内密に不具合を改修していたのである。一連の捜査の結果、三菱自動車は長年、二種類の連絡書を作成し、運輸省の検査時にはニセ連絡書を提出していたことがわかった。この結果、同社は四〇〇〇万円の罰金を払うことになった。

この事件を契機として、運輸省のユーザー業務室が二四時間、外部からの通報を受け付ける電話業務を始めている。

四　内部告発が盛んになる社会的、経済的、文化的変化

内部告発が盛んになる背景には、いくつか大きな理由を考えることができる。

一つは、先にも述べたように、規制緩和が進む中で、企業の不祥事が相次いでいるからである。その対応策として、内部からの監視、チェック、通報が欠かせないという認識が広まりつつある。組織内の不正や違法行為を最も早く正確に知る立場にある従業員を保護することこそが、内部告発推進に必要だという認識である。これは社会的、文化的に大きな変革であると見ることができよう。

今後一層、行政、企業、医療機関などに説明責任（accountability）が求められる。この説明責任は金銭収支や行為の合法性だけでなく、道義性、倫理性も含まれる。欧米ではこのアカウンタビリティは、組織だけではなく個人的にも課せられると考えられている。つまり組織の中の個人の行動も、合法性や道義性を無視して行動すると、パーソナル・アカウンタビリティを求められることになる。個人も説明責任の義務を果たせる行為をしなければならないということであろう。

規制緩和が上からの大きな動きだとすれば、自分の所属する会社の変化も、そこで働く人々の

意識を相当大きく揺さぶっている。終身雇用、年功序列の崩壊はまだ許容できるとしても、リストラは企業への忠誠心を決定的に失わせることになった。終戦後、日本企業は株主より従業員を優先し、従業員も滅私奉公的に企業に尽くしてきたが、不況はこの日本企業の特徴を失わせることとなった。善くも悪くも義理人情的な人間関係ではなく、クールで打算的になってきているのである。

ただ、内部告発を会社への不満の憂さ晴らしと考えるのは間違いである。あくまで公益に資するものでないと、内部告発とは言い得ないし、法的な保護の対象にもならない。

内部告発は、企業への忠誠心の形を変えた表現

内部告発は、企業への忠誠心を今までとは違った形で表現する行為である、とも言える。告発者は必ずしも企業の違法行為、不正行動が公になり、大きなスキャンダルになることを望むものではない。企業の反社会的行為を内部に向かって警告しても無視され、効果がなかった、あるいは組織ぐるみの違法行為を内部に通報する手段がないといった場合に、外部に通報するのである。したがって本来は、企業への忠誠心が形を変えて表現されたものなのである。

社会の変化も内部告発文化の進展に寄与しつつある。ＩＴ化で世界のニュースが瞬時に手に入る。アメリカの市民運動に新しい展開があれば、時間差を置かずに日本にその動静が伝わってくる。とすれば、企業は常に国際標準を意識せずに、営業ができないようになる。

さらに高学歴化社会は、内部告発者保護の必要性を高める。職業の専門性が高くなり、科学者、技術者、弁護士、医師、会計士などは、社会的責任と高い倫理感が求められてくる。企業に所属しても、組織の私益と、公益との比較考量が求められることが増える。

これらの変化に加えて、人々の意識そのもの変化がある。人々は、階層や職種、収入差をそれほど重大なものと考えないようになった。教師、警察官、官僚、政治家、裁判官、どれをとっても、かつての権威を保持しているものはない。一個人が企業や政府の不正に立ち上がる内部告発こそ、そういう平準化した社会のシンボル的な行為と言うことができるのではないだろうか。

内部告発とは、社会的、経済的、文化的な変化によって、市民の欠くことのできない権利として認められつつある。日本にも、欧米のような告発者保護が必要なゆえんである。

第二章　世界の流れの中で

一　贈収賄、汚職、不正、違法、危険、誤診、反倫理との闘いの中で

通報した個人に報奨金を出す

内部告発に関するニュースが日本にも散見されるようになった。はっきり内部告発という文言が出る場合と、「通報者」などというやわらかい表現が使用されるケースがある。

さらに通報者に報奨金を出すことを提案した報告書も現れた。二〇〇二年一月八日に、民間の研究団体が公正取引委員会に提出した「経済再生へ果敢な競争政策を」がそれである。この報告書は、大胆にも通報した個人に報奨金を出す制度の導入を求めたのである。この研究団体は、「司法フォーラム」という名で政策提言をおこなっており、今回は第一〇次提言となっている。検討に参加したのは、大手ビル経営会社の社長、野球球団を所有する企業の経営者、経済団体の法制担当者、それに法学部や経済学の教授、消費者問題の専門家など一五人である。

日本は長年にわたり価格カルテル、入札談合が慣習化し、正当な競争が行なわれてこなかった。市場経済原理が正常に機能しなければ、日本の再生はない。そこで「司法フォーラム」は、競争政策を推し進め、経済再生のために公取委の制度改正を提言したのである。

提言は公取委が「市場経済の番人」として、違反企業に対する独禁法の制裁機能や摘発能力の強化を盛り込んでいるが、その中で次のように述べている。

「価格カルテルなどは数人が密室で行なうため、公取委の調査権だけでは違反の証拠を入手することが困難な場合が多い。そこで、公取委の調査及び法的処分に結びついた適切な情報を最初に提供した個人（ただし価格カルテル等の参加事業者に属し、自ら違法行為を積極的に計画・関与したものは除く）に対しては、徴収した課徴金の一定額なり、一定割合あるいは別個の合理的な基準にある一定の金額を与える制度が必要である」

さらに続いて、「これに対して、いわゆる密告の奨励であるという反発するむきがあるが、堂々とこれを導入するべきである。価格カルテルは消費者の経済的利益を違法に侵害するものであり、私法上も違法行為である。あえていえば『窃盗』であり、情報提供により、値上げ協定の事実が明らかになれば、協定破棄等により国民生活の向上に寄与するからである」。つまり違反企業の社員に情報の提供を促す内容であり、また内部告発の奨励であり、その功労に報いるために金銭も出すべきであるという提言となっている。ちなみに内部告発者に報奨金を出すというのは、アメリカが長い間行なってきたことである。

この報告書に呼応するように、数日後に次のような新聞記事があった。二〇〇二年一月二九日の朝日新聞は、富山県の会社員が仕事を与えられず、昇給もないという、差別を受けたとして慰謝料などの損害賠償を求めて訴訟を起こしたことを報じた。勤務会社を含めて大手運輸会社が違法カルテルを結び、不当な利益を上げていると公取委に内部告発をしたのである。その後の二六年間、同期のように管理職にもなれず、教育研修所に置かれたままであった。給料格差は三三七〇万円になるという。会社の「隔離と監禁」に等しい扱いに対して訴訟を起こしたのである。この手のニュースが大新聞に掲載されたことも、内部告発に対する社会の認識の変化を感じる。

内部告発者保護は、世界の流れ

このように日本の社会でも内部告発に対するイメージが変化しているが、世界ではすでに社会の不正や汚職、贈収賄に対して、内部告発者を保護することで対処しつつあり、日本の場合もこの動きと無縁ではない。

特にアメリカは、一〇〇年にわたる長い年月をかけて内部告発を奨励、保護し、様々な成果をあげ、その一方では犠牲者を輩出するというケースを積み重ねてきた。映画になった物語も少なくない。ウォーターゲート事件、タバコ会社のニコチン中毒性暴露などが有名である。現在も内部告発者保護運動を活発に進めている団体がある。これらのアメリカの運動に刺激されて、イギリスでは、一九九八年「公益公開法」(Public Interest Disclosure Act)という法律を制定し、翌年から施行している。このイギリスの動きにさらに刺激されて、南アフリカ、オランダが法案の検討に入っているという。隣の国、韓国での二〇〇一年制定、二〇〇二年一月から施行の「腐敗防止法」は、内部告発者保護を規定している。

国政レベルではないが、一九九〇年代の半ば頃からオーストラリアは州法で、内部告発者保護法を次々に制定している。オーストラリアは連邦制国家で、六州と二つの特別地域からなり、多くの州で内部告発者保護法を制定している。

また、合衆国と南アメリカ諸国が結んだ汎米腐敗防止協定では、内部告発者保護条項を入れることを決めている。ＥＵ（欧州連合）も、内部告発のルールを作成した。ＯＥＣＤ（経済協力開発機構）では、国際的に行なわれる汚職や不正との闘いの中で、さまざまな国際協定や対策を進めている。その中で、経営者団体、労働組合の代表が共同で内部告発者保護検討委員会に出席し、それぞれの立場から意見を述べているが、共に内部告発の意義を認めている。討議はどのようなシステムを構築すればよいかという段階にすでにさしかかっており、内部告発者保護の是非論をとうに越えている。内部告発者文化への移行が、行政や企業、その他の組織が犯す贈収賄を初めとする、反倫理行為を抑止するのだという認識では一致し、それをこれからどのように制度化していくかという方法論を討議しているのである。

これに呼応して、ＯＥＣＤ加盟国だけでなく、非加盟国も法的対策を検討し、その結果の評価も行なっている。各国が汚職や不正に対処する法的対策は、どのような形になるかは任意であるが、すでに法的整備を行なった国も、ワーキンググループで検討しているという国もある。

ＯＥＣＤでは、一九九九年には不正や違反を扱う部局を立ち上げ、グローバルな不正ホットラインを設置した。また、関連するニュースやイベントの情報などを提供し、不正や違法行為対策に関する情報を発信する世界で最大のセンターを創設し、ＮＧＯが出版したグローバルな不正情報の年報などを紹介している。

ＯＥＣＤのような国際機関とは別に、民間の団体が中心になって内部告発問題を中心に検討する国際大会が開催されている。二〇〇〇年六月、ストックホルムで、科学者・技術者による国際大会が、専門家の社会的責任と内部告発者保護をテーマに開かれた。主催団体は国際的な運動に発展させようと、関心のある専門家、市民、学生などに、団体への加入を呼びかけている。

国際的な内部告発者保護条約の原案を発表している団体もある。アメリカの「政府の説明責任を求める会」（ＧＡＰ）である。①内部告発者の保護　②告発の結果、差別などが起きた場合の提訴の正当な手続き　③被告発者が、告発事実を否定する時の被告発者側の証明義務　④告発者の救済、などを盛り込んでいる。またこの団体は、世界中からの情報を収集する作業を進めて、各国が内部告発者保護法を制定するように助力をしようとしている。

このように不正を正し、汚職や贈収賄をなくし、組織の違法行為を抑止する手段として、内部からの通報が効果的であるという認識が深まり、内部告発者保護法を整備しようという機運が世界的に高まってきた。

二　市民としての説明責任

世界が内部告発の重要性を認識し始めたのは、ますます巨大化する行政と企業が違法行為を犯しても、それを摘発し、法の裁きを受けるための有効な手段が乏しいということにある。最近しばしば「accountability」（説明責任）という言葉が使われるようになったが、これは組織でも個人でも会計決算報告は必ずしなければならないのと同じように、組織にしろ個人にしろ、行動に関する説明、報告をする責任があるという解釈である。つまり、社会や関係者に説明できないような行為の抑制効果をねらった言葉であろう。ある行為に対して、どのような目的で、なぜ、どのようにして、いつこの行為を行なったかの説明である。説明責任は行政や企業だけにあるのではなく、個人にもある。たとえばごみを捨てるという日常の行為にも、なぜこのようなごみの捨て方をしたのか、この街の分別方法を知っていたのか、知るべき努力をしたのかなど、説明を求められれば、答える責任がある。市民としての責務であり、この説明責任を負った個人が組織の悪を正す一つの行為が内部告発である。企業においても、組織としても当然だが、企業が犯罪に手を染めたとき、あるいは従業員が重大な違法行為をしていることを知ったとき、企業市民として自身は、何を、なぜ、どのようにして、行動したのかの説明である。このように個人の責任が重くなってきているが、個人の権利が拡大、強化されてきている反面、それに伴う責務という認識が深まってきたといえよう。

個人の高い倫理観、使命感への期待

さらに、倫理や道義の重要性が認識されてきた、ということがある。法的に罰則を強化しても、犯罪の証拠をそろえて摘発するには、人件費など多くの予算を要し、限界がある。不正を正すには、個人の正義感、倫理観に訴えて情報を提供してもらえば、費用対効果が大きくなるという判断だ。企業は利益を上げるために、法的限界までの行動をしがちだ。その限界を超えたときに、個人が役割を果たすことができるのであり、その行為は倫理的、道義的に賞賛されるのだということを、社会的なシステムとして確立する必要がある。そのための内部告発者保護法であり、報奨金制度である。欧米や国際機関が、内部告発者保護制度を導入するのは個人の高い倫理観、使命感への期待に他ならない。

三　かつて国家や権力者が密告制度を利用

このように世界の潮流は、内部告発を奨励し、組織の不正と闘おうという方向に向いている。日本でも抵抗はあるものの、理論的に内部告発者保護の必要性を説得できないことはない。「しかし」である。一方ではどうしても、内部告発に暗い影がぬぐいきれないという意見もある。それはどこから来ているかを追求すれば、過去の歴史のうえで国家や権力者が密告制度を利用して、市民同士を監視させ、密告させたという事実があるからだろう。たとえば古代ローマ時代、皇帝はキリスト教徒を排除するために、信徒名の密告を奨励した。特に紀元五四年に皇帝になったネロは、キリスト教徒の迫害で悪名高いが、その他の皇帝も密告をさせている。信徒たちは、ヴァチカンにあった競技場で、観衆の面前で野犬や猛獣に食い殺されて死んでいった。中国の西太后は私書箱を設置し、書面による密告制度を作って、恣意的に政敵を排除するのに使った。場合によっては、裁判もなく死刑に処せられた人もいる。戦時中の日本では、隣組で相互に監視させて、思想的に危険とみなされた者や反体制者を密告させた。密告された者は、転向しなければ刑務所行きであった。イタリアでは、マフィア組織が密告制度を利用して裏切り者を処分する。したがってイタリアは現在でも、内部告発という言葉にまだ抵抗があるらしい。

このように国家や為政者、権力者は、宗教、思想、集団の掟などに反した者を排除するために、市民を相互に監視させ、密告させた。このような密告制度は市民に恐怖心を植え付け、体制維持のためのツールとされたのである。この影がいまだに払拭できていないところがある。

ただかつての密告は、為政者や権力者の思想信条、政敵という立場の違いによる排除であったが、現在国際的に進められている内部告発者保護は、不正や違法に対する通報であり、どれが不正であり、違法であるかは、民主的手段によって決定されたルールとして明確になっている。

第三章　内部告発の正当性

一　内部告発と言論の自由権

内部告発は、わかりやすく言えば、組織内で行なわれている公益に害のある行為を、従業員が公に通報することを言うが、その拠り所になっているのは、言論の自由である。言論の自由は、民主主義に光をもたらすための人権の礎である。この重要な権利のない民主主義は欠陥であり、国際社会でもこうした認識は広く共有され、国際条約の中に繰り返しうたわれている。言論の自由が、内部告発の自由を保障していると解釈されているのである。

特にアメリカでは、内部告発の権利が憲法上の「言論の自由」の一環として、最高裁の判決で認められている。

公立学校の教員であったピッケリング氏は、学校が債権の使い道をごまかしているという批判の手紙を地方新聞に送った。学校は彼を解雇した。これに対しピッケリング氏は訴訟を起こし「内部告発をするのは憲法上の言論の自由に保障されている権利であり、解雇は不当である」と、主張した。裁判所は「ピッケリング氏の投書行為は、憲法の修正一条で保障された『言論の自由』の範囲内である。彼の行為は公共の事柄であり、市民が意見を述べるのと同じように、憲法上の保護を受ける」と判決している。

この裁判に続いて、アラバマ州で学校の上層部の失態や不当管理を外部に告発したため、数人の教員が解雇され、不当解雇で訴訟を起こしたケースがあった。この裁判で州最高裁は「外部への公表で学校内部に摩擦や分裂が生じるという理由で、告発者に制裁を加えることは、正当な理由にならない」と教員たちの主張を認めた。ここでアメリカの内部告発者の権利は、憲法上保障されているということになったのである。

内部告発者の権利保障の根拠

この「言論の自由権」の基本的な淵源は、ＩＣＣＰＲ（公民権および政治的権利に関する国際規約）による。この条項は、すべての人が、すべての種類の思想や情報を入手し、探索する自由を含んだ、表現の自由を保有すべきであると規定している。この言論の自由の中に内部告発者の権利が保障されていることになる。

さらに言論の伝達には、あらゆる考えを知らせ、受け取る自由が含まれていなければならない。表現の自由は誰もがもっていることを保障し、さらに「いかなる種類の表現」も自由であるという解釈になってきている。実際には他人の権利やプライバシー、国家の安全保障、公共の秩序、個人的な健康問題、モラルに関することは事実上制限されている。しかし内部告発との関係でいえば、違法や秘密の行為の情報を提供する（通常は行政に）ことであり、組織力の乱用、公益の損失に対して、言論の自由が固有に保障されているのである。

このように言論の自由には、公益を害し、組織による権力の乱用によってもたらされる違法行為、不正な管理などを、従業員が通報する権利が含まれているとされ、欧米先進国ですでに確立した概念である。逆にこの権利を保護し、十分に機能させせない限り、言論の自由を行使できないと見る。従業員のこの権利を、職場の不正に挑戦するための手段とするには、告発者保護が本物でなければならないと、運動団体は主張する。

二　秘密、沈黙、惰性が許す違法

組織の中で行なわれる不正や違法行為を最も早く知る立場にいるのが、その組織で働く従業員である。ただ同僚、仲間、ボスの不正を知り、社会的に重大な危険性を認識しても、多くは報復を恐れて警告を発することに躊躇する。内部告発の歴史において、告発された側の反応の典型は、見事なまでの報復戦術であった。恐怖を与え脅迫することで、組織の秘密を保ち、沈黙させるというのが究極の目的だった。こうして組織の力が個人の正義心に勝ることを示し、告発者が得る唯一の成果は、自分を傷つけるだけだということを、告発者に思い知らせることであった。

アメリカでもイギリスでも、犠牲になった告発者は夥しい数である。特にアメリカは個人主義、権利意識の強い国民性ゆえに、告発する側とされる側が、壮絶な闘いを繰り広げてきた。組織の管理者側は、あらゆる手段を使って、告発者を沈黙させ、辞職に追い込もうとする。告発者を現場から引き離す、告発者個人のあら捜しをして逆宣伝をする、組織で孤立するように仕向ける、公然と非難する、わざと仕事を失敗するように仕向ける、口実を設けて逆に告発する、肉体的な危害を加える、仕事を取り上げる、経歴にマイナスになるようにする、ブラックリストに加える、などなどである。消費者運動家に若い女性を接近させ、色仕掛けで誘惑しようとした有名なケースもあった。こういった迫害を見せつけられた同僚たちは、告発者に有利な証言を拒むようになる。これでは言論の自由はお題目だけだと、「政府の説明責任を求める会」（ＧＡＰ）のジャスミン・ケシェットは言う。

日光に当てることが最善の消毒

ＧＡＰの見解では、政府であれ企業であれ、腐敗は人体のがん細胞のようなもので、放置すれば組織は死に至る。したがって、腐敗や管理怠慢は隠蔽されやすく、組織は公益より自己防衛を優先させ、情報開示を抑制しようとする。腐敗を永続させる病んだ組織と、公益を優先させる健全な組織の決定的な差は、内部告発者に象徴される苦い薬を、組織が受け入れ、あるいは歓迎できるかどうかである。よく引用される連邦最高裁判事のブランダイスの言葉を借りれば、「日光に当てることが最善の消毒になる」のである。秘密は悪を発芽させ、沈黙は悪を増殖させ、怠惰は悪を蔓延させる。日本の製薬メーカー・エーザイの『コンプライアンス・ハンドブック』（後述）は、コンプライアンス委員会委員長（スチュワート・メイケルジョン）のメッセージとして次のような言葉を載せている。

「あなた方一人ひとりは、個人であり、仕事を通じての行為は、個人に責任がある、と法は語っています。したがって業務上の行為は、仲間、友人、検察官や政府関係者など第三者に、非合法であるか、非倫理的であるか、不適切な方法であるかという心配をする必要がなく開示できるようにすることが必要です。……会社はそこに働く人々を通じて活動しています。多くの場合、法律上もあなたの行動は会社の行動そのものとみなされます」（筆者訳）

秘密、沈黙、怠惰を許すのは、組織であるが、責任は個人にあることを認識させる文章である。組織ぐるみの犯罪といわれることでも、一人ひとりの個人の行動が重要であり、この言葉は同社の社員に個人としての自覚をうながしたものである。

こうした信念からイギリスはアメリカと並んで「公共の利益は、法で守らない限り、十分な保護にはならない」と、職場での違法行為、あるいは反倫理的行為、公衆に対する危険に関する秘密情報を、個人、すなわち従業員、あるいは専門家が、外部に出すことを奨励する法「公益公開法」を制定したのである。

一方、善悪に関する判断は一切国がして、市民にその判断をまったくゆだねない国家もあるが、法は守られても自由な社会とは決していえない。しかもその場合は、国家権力や、国家と深い関係を持つ企業というものが、間違いを犯さないという大前提である。その点、公の正義に対する違反摘発のきっかけを市民にゆだねる国家というものは、市民により高い道徳律を期待しているといえよう。

ビジネス倫理に欠ける企業こそ内部告発が必要だという見方がある。『内部告発すること――ビジネス倫理と説明責任』を書いたゴードン・ボリーによると、「皮肉な見方をすれば、『商業道徳』というのは、本来撞着言語ではないか」という。利益追求が目的のビジネスは、本質的に反道徳的な側面を持つ。したがって消費者、従業員、株主との間で、長期的信頼関係を持とうとすれば、単に法律に従っておればよいということではなく、一段高い道徳律が必要となる。それに欠ける場合、個人からの内部告発という自浄作用が欠かせなくなるという。

三　内部告発者が保護される条件

アメリカは本来、告発型の社会だから、不正とみなしたことを座視できない人が多いが、それでも内部告発には、組織への忠誠心との葛藤が避けられず、それを乗り越えても、所属集団からの嫌がらせ、報復などが付きまとう。そして内部告発の動機も、不正を許さないという純粋な市民的道義観から、時には職場への単なる不満、同僚への嫉妬に至る世俗的な要素が様々に絡む場合もあって、組織の対応も世間の反応も一様ではない。したがって法的に保護する対象、報奨金を払うケースの条件などを知らなければならない。ただし当然法律は原則的な規定のみなので、告発者を保護する詳細な条件は規定していない。そのために判例や法の解釈によって具体的な基準が必要になる。

告発が正当と認知されるための三つの条件

リチャード・ドジョージは、その著『ビジネス倫理』の中で、告発が正当と認知されるためには、次の三つの条件が満たされることが重要だと述べている。

①総合的に判断して、告発することがマイナスを上回るプラスがあること。製品、あるいは組織の運営が、公衆に深刻、かつ相当な被害を与えるか、与えるのが確実な場合であり、健康、安全にまったく関係のない些細な欠陥などは除外される。

②まず、直接上司に通報し、自分の道義的な疑念を明らかにすること。これをしない場合「内部で是正するチャンスを与えなかったのはフェアではない」と必ず非難を受ける。たとえば、商品の安全性に影響がある場合は、通常道義的理由からではなくても、消費者から欠陥商品として訴訟される可能性や、ブランド名を傷つけることを恐れて企業は容易に是正に動く。直接上司に訴える場合、幾つか考慮すべき点がある。上司が問題をすでに知っている場合、訴えはくどくなるだろう。あるいは、問題点の指摘に対して、上司が違う視点、異なる評価を持つ可能性もある。また直接上司に訴えることは、指摘者の匿名性を失うことにもなる。

内部で上司に通報するためには、経営方針としての綱領が、明記されていることが望ましいという。したがって組織としてシステムを完備しておくことが前提となる。道義的義務というだけでは、従業員が内部で同僚、上司を告発することは難しい。お互いが監視しあうのは、警察国家的メンタリティーとして、誰にも抵抗がある。ただ、使い込みなどは、公務員以外は、社会に害が及ばないので、この場合は内部告発者保護の対象にはならない。

同僚や上司が不正をしている場合、すでに組織に害を与えているから、プライバシーを要求する特権はない。内部で処理する場合、訴える先は不正に関係しない、さらに上の上司ということになる。このためには、不正や非倫理的行為を告発する社内チャンネルが整備されていることが前提となる。

③これでも組織が動かない場合でも、さらに社内の手続き、手段を尽くすべきであるとしている。企業の場合、重役会議にまで上げる覚悟が必要かもしれない。緊急を要する場合、時間がかかりすぎるということはあるが、組織内で徹底的に手を尽くすべきであると、ドジョージは書いている。最近はEメールの普及で、社長が社員から直接意見を聞くシステムを採用している企業が増えたので、この問題の展望が開けるかもしれない。イギリスでは、内部で申し立てのシステムが存在するのに、事件を直接メディアに流した場合は、法の保護対象にはならない可能性が高い、としている。

義務としての内部告発

以上の三条件が満たされたなら、外部への告発は道義的に許容される。しかし、道義的に許容されるということは義務ということではない。内部告発が義務となるためには、さらに次の二点が考慮されるべきである、とドジョージはいう。

まず、自分の主張を客観化できる資料があり、会社の製品、方針が公衆や消費者に深刻な危害を及ぼすことがはっきりしている場合である。単なる憶測では、告発は義務とならない。危害が深刻なら、告発者はまず、その証拠を得る努力をしなければならない。それでも入手できなければ、告発の義務は生じない。証拠もなしに、主観的な道義的動機から告発すれば、告発者は、その結果に責任を持たなければならなくなる。

次いで、公にすることにより必要な変化が起きると信じる理由があること。成功のチャンスが高ければ、リスクをおかす価値がでる。記録や証拠を揃えても、メディアや関係機関が動き出さない場合、告発者はより大きな努力が必要になる。成功の期待がないのに、告発者は自分を危険に追い込む義務はない。すなわち、いかに努力をしても成功しそうにないのに、自分は告発者になる義務はない。

この他、内部告発が正当化される条件については、様々な人が書いているが、要約すれば、一般の人々に深刻な危害、損害を与えるケースで、内部で通報して効果がない場合に外部へ告発するということになる。

ドジョージの説を三菱自動車のケースに当てはめると、次のように内部告発が従業員の義務になる。
①三菱自動車が消費者に深刻な被害を与える可能性があったこと。本来は事故を行政に報告し、

自動車に関する安全情報を早期に消費者に知らせて事故の未然防止をしなければならなかった。現に該当する自動車での事故が発生している。

②「まず上司に通報すること」については、二〇年以上にわたる組織ぐるみの隠蔽工作であって、当然社内でも従業員用の内部告発の通報ホットラインはなく、また上司に警告することもできない。社内で通報して、会社に是正させる余地を与えることは不可能である。

③元担当副社長たちは現場の責任者から報告を受けており、クレーム隠しを了承していた事も判明した。重役会議に上げることなど、社内で徹底的に手を尽くす手段があったとはいえない。

このように三つの条件が満たされた場合、内部告発者は保護されるが、ドジョージはさらに義務としての附帯的な条件に、証拠があること、改善される可能性が高いこと、を挙げている。証拠については、告発者が資料の隠し場所を的確に指摘したことで十分証明されている。改善については、もう説明する必要はない。社会に大きな衝撃を与え、行政も対策を打ち出し、他の企業に対しても隠蔽行為が割に合わないことを示し、今後の抑止になった。

三菱自動車のケースは、まさにドジョージのいう「内部告発はそれを知った従業員の義務である」に該当したのだが、時間が経つにつれて、同社の中から、社内で通報していてくれていれば対処できたのに、という発言をする人が出てきた。同社が内部で通報できる有効的なシステムがあり、不正が是正されるという信頼が社内に満ちている環境でこそいえるのである。ただ同社の中にも企業市民としての義務を履行した社員がひとり存在していたことに、消費者は救いを感じるのである。

四　一に公益、二に公正、三、四がなくて五が公憤

高い地位、あるいは専門的な職種にいる人は、不正の告発や、経営方針、製品設計の改善・変更義務がより重い。経営者は従業員の内部情報を検討し、意図的に製品が消費者に害を与えないようにする義務がある。

「内部告発は市民のそれぞれの立場に合った義務であり、沈黙を守ることは市民の義務違反となるケースがある」と、内部告発者保護法を持つ国では主張されている。さらに公益を考えての道義的動機であれば、匿名では効果が薄いと、アメリカでは主張する人が多い。ただし、内部告発者保護の法律なりシステムがあり、社会的にもその行為が認められている国の場合であるという前提であるが。したがって諸条件を満たした場合は、自分の信念に従って危険を顧みず告発すべきだと、ドジョージは主張する。組織への忠誠心は、雇用の絶対条件ではなく、雇用によって言論の自由まで組織に奪われてはならないという発想である。

匿名性については、イギリスでは必ずしも否定的ではない。もちろん運動団体に相談すれば匿名は可能だ。状況によって匿名でもよいという意見がある。また医療過誤のように証拠がなく、「過誤があったおそれがある」だけであっても、目的や意図が純粋であれば、保護の対象になる。

保護の対象になるということは、内部告発をしたために、職場を追われたり、配置転換、左遷、減給などを受ければ、その損害賠償の請求訴訟を起こすことができ、賠償されるということである。

保護を受けられる基準

この保護を受けられるかどうかの基準に、公益にかなうか、公正な訴えであるかが重要なポイントとなる。またイギリスでは、告発した後で、告発内容が間違いであることがわかっても、あるいは不正行為の疑いだけであっても、その意図が純粋で、公益のためであると信じての告発であれば、保護の対象になる。ただ、そのためにはまず内部での警告を行なえば、その間違いが組織に損害を与える以前に、解決できるとしている。疑惑だけや証拠なしであっても、また後に不正がなかったことが判明しても、いじめや差別をしてはならないというイギリスの解釈には、あまり厳格に保護の対象条件を規定すると、効果が薄められるという思惑がある。

アメリカのように長年にわたる壮烈な組織対個人の闘いを繰り広げてきた社会とは違って、イギリスは内部告発に対する期待と理想を持ち続けているように思う。ただ両国とも、保護されない例として、たとえば、「学校のクラスでカンニングを先生に通報する」「組織内で使い込みを上司に指摘する」などが一般的である。これらは公益性から見て保護を受けられる内部告発とはみなされない。

保護されないケースの判例としては、一九六八年アメリカ最高裁のピカリング対教育委員会の裁判がある。公立の教師が、上司の苦情を新聞社に手紙で訴え、解雇されたケースで、公立の教師が自由な表現の権利が侵害されたとして裁判を起こした。判決では公益性がないという理由で、告発者を敗訴にした。上司に向けた個人的な苦情であり、保護される資格はないという判断である。

内部告発をする方法としては、マスコミに情報を金銭で売る、あるいは、不正行為者に直接交渉するなども、保護する対象にあたらないとしている。不正行為者に直接通報するのは、場合によっては個人間で取引したいという下心があると疑われるのである。動機と手段にいささかの疑惑もあってはならない。

五　リスク・マネージメントのない告発は、卵を産まない鶏

世界では、特に欧米を中心にして、市民団体が内部告発者保護運動を展開している。その中でイギリスで、長年内部告発者保護運動で活躍し、立法化に寄与したＮＧＯ「職場における公益(Public Concern at Work)」は、「リスク・マネージメントのない内部告発は、卵を産まない鶏のようなものである」という標語を掲げている。従業員には内部告発を奨励する一方、企業、公的機関、医療機関などの組織に、内部告発対策を促進するための情報や資料提供を行なっている。

同団体は「あなたの職場で重大な不正が行なわれつつあるという心配はありませんか」「もし何

か不正が行なわれていると考えたなら、我々の内部告発対策マニュアルを使ってください。信頼性が高く、独立したアドバイスを提供しています。電話番号は――」といったポスターを作製し、各職場に掲示するように呼びかけている。従業員が自分ひとりで苦しむより、客観的に判断できる同僚などに意見を聞いてみることも勧めているが、同団体のようなＮＧＯに相談することも可能だ。アメリカでも同様な組織が、内部告発をしようとする人から相談を受け、独自に調査・確認して、メディアや議員に情報を提供している。両国では告発は法的に保護されるので、個人で行動するよりもまず法律の専門家などの支援、助言を得ることの方が無難である。

「賢く内部告発する一二の戦略」

強力な内部告発推進団体であるアメリカの「政府の説明責任を求める会」（ＧＡＰ）は、そのリーフレットに、「賢く内部告発する一二の戦略」を書いている。これを読むと、組織内でいかに深刻な不正が行なわれていようとも、通常の人間では、内部告発には強力なエネルギーが欠かせないことがよくわかる。その戦略とは次の通りである。

①逆もどりができない第一歩を踏み出す前に、家族や親しい友人に内部告発をしようと決心したことを話す。
②用心深くする。不正行為について心を悩ませている他の証人に意見を聞く。
③正面切って外部に告発する前に、内部のシステムで機能する何か合理的な方法がないかどう

かを考える。もし秩序を乱すことを決心したなら、あなたの疑惑を公にしたいのか、名前を伏せたままでいたいのかについて、注意深く考慮する。どちらの戦術も条件がある。証拠の質と量、進んで負うリスク、集中的な調査に喜んで耐えることができるかどうか、などによって決まる。

④戦略的に情報を行政機関に流す時のプランを練る。そうすれば、経営者は反対するよりも対応してくれる。

⑤行政や支援スタッフとの関係をよくしておく。

⑥内部告発する前後に、自分が納得するまで証拠は注意深く取っておく。関連する活動について、率直に事実を組み立てた日誌を書く。もし裁判になった場合、経営者への反論として書いた日記は有効である。

⑦告発しようとする問題について、あらゆる疑惑を想定し、すべてを明確にコピーしておく。

⑧自分を孤立状態にしない。優秀な行政官、ジャーナリスト、活動家などといった潜在的な支持者のネットワークを作っておくこと。これらの連帯は、チャレンジしようとする組織より強力な支援パワーとなる。

⑨適切な法律家から法的意見を聞くために、資金を投資する。

⑩常に警戒を怠らず、内容などを尾ひれをつけて面白くしゃべらない。

⑪内部告発をする最初から、会社や組織の品物、資料、勤務時間を使わない。

⑫監督行政と一緒に仕事をするとき、あれこれ懐疑主義にとらわれない。

以上である。一〇〇年にわたる内部告発の修羅場を見てきたアメリカらしい実に具体的で身近な忠告が並んでいる。内部告発によって職場を去り、人生を狂わせた多くの事例を持つ社会なればこそであろう。その点、イギリスはもっと理想的、抽象的なことに終わっているように思う。

第四章　アメリカの歴史と法

一　ケイ・タム行為が始まり

ケイ・タムとは

アメリカでは、古くからケイ・タム"Qui Tam"行為といって、違法の通報者に報奨金を出すことが行なわれていた。ケイ・タムとは、ラテン語で、王と同じように国家のために、違法者に対して訴訟を起こすことをいう。

ケイ・タムの源流は一三〇〇年代のイギリスに遡る。法律違反者から罰金を徴収した分け前を、通報者に報奨金として渡したときからであると、『内部告発のハンドブック』（ルイス・ハンスコット著）は書いている。当時のイギリスの裁判では、違法を通報するケイ・タム行為が、僅かな支出で政府のお金を不正に使うことを防ぐ最も効果的な手段として認めていた。これは普通の人が、告発することによって、邪まに儲けた犯罪者に責任を取らせることである。政府資金の不正利得者を連邦裁判所に摘発する人のことを、「ケイ・タム行動をする人」という

アメリカ合衆国でのケイ・タム訴訟

アメリカ合衆国は最初の議会で、このケイ・タム訴訟を認めている。その後の議会でもこれを継続し、リンカーン大統領によって法律として承認されたのである。

リンカーン大統領は、アメリカの市民同士が戦っている南北戦争の最中に、軍用品についてインチキ商品や架空伝票で金持ちになった戦時利得者がいることを知った。弾薬に不純物を混入して、軍部に売りつけ、砂糖の代わりに砂を、コーヒーの代わりにライ麦を、皮革の代わりに褐色の紙を販売した。銃メーカーは、市場では一五ドルで買える製品を二五ドルで政府に売った。これらに対し大統領は一八六三年、大統領と連邦政府の名前で、市民が訴訟を起こすことを法制化したのである。したがってケイ・タム行為をする市民は、連邦政府の名前で、自分のことのように費用持ちで、不正摘発をするので、〝プライベート検事総長〟と呼ばれた。この法律は「不正請求禁止法」(False Claims Act) として、議会を通過した。リンカーン大統領は「南部の平原を愛国者の血で染めている時に、国旗に忠節なふりをしながら、国家の不幸を食い物にする輩は、軍隊の反逆者より悪い」と演説している。

次に、告発者のヒーローとして歴史に名をとどめるのが、大統領になる前の、若き日のセオドア・ローズベルトである。一八九八年、米西戦争中、彼は上官から非難されるのを覚悟で、直接国防長官に怒りの手紙を書いた。内部告発である。「キューバにいるアメリカ兵は、栄養失調と病気の蔓延で苦しんでいます」と。翌一八九九年、議会は「拒絶法」を制定した。環境条件の悪い職場は拒否でき、たとえ悪徳会社の社員であっても、悪徳業者の不正を告発したものには、〝報奨金〟を与えることにしたのである。

「不正請求禁止法」は、たびたび修正されている。一九四三年には、告発する情報を政府がすでに知っておれば、告発しても報奨金は出ないことにした。

その後、政府に対する不正請求で有名になったのは、四〇〇ドルのトイレ便座や五〇〇ドルのハンマーの代金が請求されていたケースで、人々をあきれさせた。さらに調査を進めると、価値のない商品や存在しないものに対する請求書も発見された。これに対して、一九八六年に同法が修正され、次のように強化された。

①告発者は連邦政府と意見が一致しなくても、訴訟に持ち込むことができる。

②告発者は政府が訴訟に参加することを中止しても、訴訟を継続することができる。

③訴訟の手続きが終わった後、政府が訴訟に介入することを制限する。

④告発者と裁判所は、政府による介入で訴訟を却下するか、あるいは和解するかを決めることができる。

さらに修正では、不正請求者に対しての損害の三倍賠償、告発者に対する報奨金の割合、告発者への仕返しの禁止と保護、政府が回収した金額から支払う報奨金の割合の算定方法なども決めている。

一方八六年の修正では、内部告発者に対する制限もあった。不正が行なわれているという告発の内容がすでに公表された資料によるものであったり、流布されている噂を基本にした場合は、裁判所はケイ・タム訴訟として認めてはならない、とした。情報がオリジナルな資料として、個人が直接、あるいは独立した知見によって得たもので、メディア、行政の情報であってはならないこととなった。ただ、行政が任意なサービスとして提供したものであればよいことになっている。また告発の内容が直接、あるいは間接に一般に情報の公開となるものかどうか、社会への有益性も問われることになった。

懲罰賠償と報奨金

「不正請求禁止法」またはケイ・タム訴訟では、企業が政府に意図的に虚偽の請求をしていた場合、政府が被った損失の三倍を懲罰賠償として実行者に課すことができるが、さらに一ケースごとに、五〇〇〇ドルから一万ドルの罰金が加算される。一方告発者は、政府が回収した金額の一五％から三〇％の報奨金を受け取ることができる。訴訟になった場合は、最低二か月凍結されるが、その間法務省が調査し、介入すべきかどうかを決定する。この法律は前述したように、南北戦争当時に立法化されたが、特に一九八〇年代に国防・軍需産業の不正請求スキャンダルが続き、政府に対する告発運動が活発になった。

政府の推計では、毎年一〇〇億ドル以上の不正請求が行なわれているという。八六年の法律改正前は、年間三三件、九六年には一〇倍の三六〇件に達している。この年だけで、回収金額は一五億ドルになった。ワシントンの不正請求禁止法センターは、今後一〇年間で、回収額は二四〇億ドルを超えるという予測を立てている。さらに抑止効果として、今後一〇年間に二一〇〇億ドルの損失を防止できると見積もっている。日本の国家予算の約四分の一である。報奨金制度は、告発者にインセンティブを与え、政府への請求額を邪まに膨らませようとする犯罪の抑止になるだけではなく、政府の予算カットという実利的な面があることがわかる。告発された側は、不正が証明されると、不正金額の三倍だけでなく、訴訟費用も支払うことになる。過去には企業に二〇億ドルを返納させた例もあるという。

ただ報奨金の請求は、必ずしも適切なケースばかりではない。一九七八年に政府は、特別相談局（後述）を設立し、その行政機関の中に、報奨金の問題を検討する機関として、報奨制度保護部会（Merit System Protection Board）を作ったが、報奨金を請求したケース、六一七件のうち六三％は不適切なケースであった。つまり半分以上が、報奨金を支払う条件に適合していなかったということである。同部会が「行政のやり方に対する意見の相違ではなく、違反の事実を告発して欲しい」と呼びかけているところをみると、多くは具体的、個別的なケースではなく、一般論としての政策に対する反対や総論的な不満の持ち込みが多いようである。

報奨金を受け取る資格を得るには、ケイ・タム訴訟を起こさなければならない。単に不正の情報を政府に通報するだけではダメである。さらに報奨金を実際に受け取れるのは、訴訟によって被告が損失金を政府に戻した後である。

報奨金の他に、告発をしたため、解雇、降格、嫌がらせなどによって差別された従業員は救済を受けることができる。救済は復職、三倍の損害賠償金、訴訟費用、弁護士費用を含めた額の賠償である。

ただこの法に対して、内部告発問題を扱う行政機関や民間団体、弁護士などの援助がなければ、複雑で使いにくいと運動団体は主張をしている。

報奨金の請求手続きが簡単ではない一方、アメリカでも報奨金を与えることの是非に議論が分かれているのは、モラルの低下が憂慮されているからである。報奨金制度は、組織内の信頼関係やコミュニケーションを破壊し、お金欲しさの利己主義を助長するという危惧がある。しかし、これらのマイナスと国家予算の削減と言うプラスを比較考量して、報奨金制度を実施しているのである。

二　報奨金を受け取った人々

アメリカは告発社会だといわれているが、それにしても職を賭してまで、なぜ危険な告発をあえてするのだろうか。実際に報奨金を受け取った事例を紹介するが、その意図は報奨金目当てではとても割に合わないようなケースや、明らかに金目当ての告発という事例がある。報奨金を受け取った人の多くは職場を去っているが、中にはそれ以後、内部告発者保護団体の運動に身を投じた人、田舎でひっそりと自然を相手に暮らしている人もいる。

＊ずさんな請負工事を告発

ピーター・ソートンが勤務していた会社が、他の二社と合同で、造幣局プラントの安全システムの電気関係を請け負った。しかしこの三社は安全基準に合格しない仕事をしていた。契約にあったテストも手抜きして請求書を出し、その他さまざまな違法行為を行なっていた。ソートンは広範囲にわたる工事の怠慢、不良工事などすべての証拠を揃え、内部告発をした。電気設備請負業者三社は反論したが、結局は裁判所がソートンの申し立てを認めた。六年間の裁判闘争だった。その結果、連邦政府は、造幣局の仕事をした請負業者との間で和解し、ソートンは二三万ドルの報奨金を受け取ることになった。彼は和解が決定したとき「報奨金が問題ではない。私はこの金の一ドルも手にすることはないだろう。これは内部告発の重要なケースである。私が満足したのは、政府の無益な乱費を中止させたことであり、これは納税者の勝利である」と語っている。

＊教育現場の化学物質汚染を告発

幼稚園の先生が、教室や学校の周辺に有毒物質が放出されているという警告を発して報復されたという訴えに、賠償金の支払いを命じたケースである。ティナ・ダーケスは、ボイラーから有毒化学物質が漏洩し、電灯も破損してＰＣＢが飛散していることを知った。教室の天井からはアスベストが落下するということも発見し、学校に警告した。学校の職員は、同氏の警告を否定し、教室の化学物質の汚染を軽く見ようとした。同氏は教室内の汚染について、毒物学の専門家に検査を依頼し、その事実を告発した。学校側は、ダーケスを環境保護庁や労働省、父兄たちの集会などに告発したのは〝教師らしくない行動〟だとして、教育の現場からはずすと脅迫した。

告発を受けた労働省の「職場の安全と健康局（司法機能を持つ部署）」の局長は、校長にダーケスに対する七五〇〇ドルの賠償金の支払いとブラックリストからの削除、ダーケスを含めて、同人を支持した人たちに対するいじめや嫌がらせの中止、学校や幼稚園の監督者へ内部告発者保護法にある差別禁止の学習と訓練などを命じた。

また環境保護庁は学校区に対して、アスベストとＰＣＢ取扱いに関する罰則として、約三五万ドルの罰金を課した。後に、労働省の「職場の安全と健康局」は「教室のアスベストの懸念について徹底的に追及し、学校側が安全性について対策をとるという保証が得られるまで闘った人はいなかった。またこれが問題となることもなかった」と述べている。

＊州の建設費の詐取を告発

テキサス州の地方公務員だったジョージ・グリーンは、州の建設計画で資金の不正を告発し、九五年に州議会から、一三八〇万ドルの報奨金を受け取った。

＊国務省納品の不正請求を告発

クリス・アーダは、シンガー社の上級職員だったが、同社が国務省へ製品を納入するときに不正があったと告発した。同社は『不正請求禁止法』に基づき、五五〇〇万ドルの支払いを命じられ、彼に報奨金が支払われた。

*偽造書類で不正な保険金請求を告発

ピアセンタイルは、高度医療法人組織が記録を偽造していることを告発して、六〇万ドルを受け取った。協会はリンパ浮腫にかかった保険患者に、治療としてポンプや管を使ったように関係記録を偽造し、政府から保険料を受け取っていた。ポンプは主にがん患者の脚や腕のはれの治療に使用されるものである。偽造に対するケイ・タム訴訟で和解が成立し、協会は政府に四〇〇万ドルを支払うことになった。記録が偽造していなければ、最初からポンプと管の支払いは必要なかった。

*環境汚染を報告しなかったことを告発

二人の元従業員が、運送会社が汚物や廃油を川に流したことを報告しなかったと告発した。会社もこれを認めて四六〇万ドルを支払うことで和解し、告発者たちはそれぞれ三〇万ドルの報奨金を受け取った。会社はテネシー渓谷に石炭を運ぶ契約を連邦政府と交わし、そのとき、汚物や廃油を排出した場合は報告するという内容が含まれていた。石炭を船で輸送中、はしけにぶっつけて、川に廃油が流れたが報告しなかったのである。

三　保護法は、「ダンボールでできた盾」か

多くの内部告発者が報奨金を受け取っているが、これらは連邦予算に関連した不正請求に限定されている。民間企業が他社の不正請求で、被害にあっているという内部告発をしても、報奨金は出ない。内部告発者の権利を守る法があるといっても、「縦割りの法でしか守られていない。単なるダンボールの盾でしかない」と、運動団体は主張している。告発者保護は、過去五〇年にわたって様々な分野で法制化されたが、包括法ではない。たとえば日本の民法のように、一般法として包括的に適用される法と、法の効力が特定されている製造物責任法のような特別法がある。したがって、特別法の中で、特定された商品や業界ごとの法律で内部告発者保護を規定しても、パッチワークの性質を持ち、埋められない穴があることは否定できない。特定の職業に就く者、あるいは特定分野の、特定の法があるだけであるという。

保護は職業別・テーマごとに限定

たとえば内部告発者への報復に対しては、連邦憲法、連邦法、州法、各種慣習法を適時に解釈することによって保護される。また新しい法律の制定も相次いでいる。ただ内部告発者をトータルに保護する法律ではなく、法的保護の及ばない分野やケースが当然出てくる。

たとえば次のように、保護が職業別、あるいはテーマごとに限定されている。

＊「憲法」第一条、一四条によって、言論の自由として、連邦や州のスタッフは内部告発者に対して報復することを禁止している。憲法は特別法ではないが、ここでの保護は公務員が対象であり、企業や他の組織の従業員には適用された判例はない。

＊「不正請求禁止法」は、アメリカの保護法の中で最も強力であるといわれているが、政府と契約した業者や公金に関連していなければならない。

＊環境に関する法律としては、「有毒物制限法」「スーパーファンド（公害防止の大型資金法）」「汚染水質制限法」「固形廃棄物処理法」「空気清浄法」「電気炉エネルギー改正法」「安全飲料水法」などがある。これら環境法は潜在的違法行為の告発をする人を保護する内部告発者条項を含んでいるが、環境分野に限定。

＊「連邦裁判で証人を脅し、正義が妨害される陰謀禁止条項」は、反クー・クラックス・クランの市民権を守る法律の一部として制定された。過激な人種差別主義者の裁判で、内部告発者や証言する証人・団体に対して、脅迫することを禁止する条項が含まれているが、適用範囲は狭い。

＊「地上輸送補助法」は、苦情を申し出た運輸関係の（主としてトラックの運転手）内部告発者を保護しているだけ。

＊「職業の安全と健康法」は、仕事場での健康と安全に関して苦情を申し出る人に対する、いかなる報復からも保護する。ある特定の限定された環境下で危険な仕事をすることを拒否する権利を含んでいる、と解釈されている。したがって財政的不正分野では適用されない。

＊「連邦炭鉱健康安全法」は、潜在的な法違反に対する通報や、あるいは訴訟を起こす炭鉱夫のための救済である。

＊「労働関連法」では、法の違反の申し立て、訴訟をする従業員、または証言をする従業員に対する報復から保護している。範囲は広いが、下請け業者など従業員ではない第三者は含まれない。

＊「内部告発者保護法」は一九八九年に制定され、一九九三年に改定されている。二〇〇〇年にもハワイ州出身の上院議員が修正案を提出している。連邦職員（軍関係は除外）が合理的な証拠があると信じて情報を公開すれば、法律で保護される。したがって一見、法律の名前から包括的

な保護のようであるが、連邦職員に限定されている。告発の対象となるのは、①法律、規則違反、②重大な取扱いミス、莫大な財政の損失、権力の乱用、公衆の安全と健康に重大な危険が及ぶもの、となっている。

その他多くの法、たとえば市民権利法、雇用機会均等法などにも内部告発者の保護条項が含まれているが、告発者を広く保護するには十分ではない。

七二年から八〇年までに、大気汚染防止法、原子力エネルギー法など環境の連邦関連法ができ、各州にも保護条項が制定された。一連の法律を眺めてみると、第一に、一般的に保護は民間の告発者よりも政府関係の告発者の方に厚いことがわかる。公務員は「市民へのサービスとして政府の悪を摘発する立場にある」と考えられるからである。第二点として、やはり縦割りの保護法であることであろう。

州も内部告発保護法を制定しているところがある。三八州は「不正請求禁止法」と類似し、連邦公務員の内部告発者を保護している。私企業の内部告発保護は四五州となり、この一〇年間急増している。

四　行政も内部告発防御対策を整備

日本の行政マンと話をしていると、二通りのタイプがあるように思う。最近増えているのが、時代に即応し、時には先取りして、市民の権利を欧米並みに認めていかなければならないと考える層である。しかし、逆の認識に立っている人たちもいる。前者では内部告発者保護制度の導入については、あまり異論はないようだ。それにしても、内部告発システムに対する日本の行政の対応は、アメリカやイギリス、あるいは国際機関と比較して、遅れていることは間違いない。

アメリカ社会では、政府の役割で最も大切なことは、「人間の固有の権利である生命、自由、幸福の追求のための機会の平等を確実にすること」とされ、この固有の権利と平等が自由社会の倫理的基盤となる。したがって内部告発者にとっての倫理的基盤は、権利として言論の自由の保障であり、政府はその権利を保証すべきである、となる。内部告発者保護は、その方法論に議論はあるものの、基本姿勢の是非論に発展しないのは、この言論の自由権による。保護の方向はますます進化し、以前と比較して、格段に内部告発がしやすくなり、組織のいじめも穏やかになったと、運動団体「政府の説明責任を求める会」が報告書に書いている。

内部告発者保護を整備する過程で、行政のほとんどが職員からの告発を受けるシステムを作っている。連邦政府として力を入れているのが、司法省、エネルギー省、労働省、財務省、環境保護庁、住宅都市開発省、社会保険庁、農務省、郵政公社などである。

連邦会計検査院（GAO　General Accounting Office）は、「詐欺行為ネット」を設置し、通報を受け付けている。当然内部からの告発も含まれる。連邦予算の詐取、乱費、浪費、管理ミスなどの申し立てを報告するシステムである。誰が、いつ、何を、どこで、どのようにして、いくらなどについて、可能な限り詳細に報告するように呼びかけている。通報者の名前は告げる必要はない。インターネットでも利用できるが、インターネットならアドレスやメッセージがオープンになり、匿名とならない。Eメール、電話、ファックス、手紙なども使える。

行政での内部告発の所管庁——OSC

行政での内部告発の所管官庁として、七八年に特別相談局(OSC—Office of Special Counsel)を設置した。連邦の独立した調査・執行機関として設立され、告発内容やいじめなどの申し立てを調査する。運動団体からは十分に機能していないという不満の声があるが、「中立機関であり、行政として告発を奨励する機関ではない」と弁明している。OSCは、告発者が職場における差別を相談し、裁判に訴えるかどうかなどの助言を得る機関であり、告発者を擁護する組織とも言える。特に連邦職員、連邦職員退職者、連邦職員になる予定者が、内部告発をすることができるようにしているが、告発の情報が次の条件に適合している必要がある。

＊法律、規則、ルールに違反している。
＊大きな監督ミス。
＊莫大な予算の無駄使い。
＊権力の乱用。

＊一般大衆の健康や安全に重大で、特定の損害がある。

ＯＳＣは他の行政が行なっている内部告発者用のホットラインと、次の三点で違っていると述べている。

＊内部告発者に秘密を保証する。

＊ＯＳＣは行政に、調査し、情報の内容について報告することを命じる。

＊調査後、ＯＳＣは行政の報告書を、内部告発者のコメントと共に、大統領と議会に送付する。ＯＳＣ自体が内部告発者の情報内容を単独で調査するのではなく、ＯＳＣが告発内容は真実であり、重要であると判断すれば、関連部署に情報を送る。告発者の同意がなければ、氏名や身分をもらすことはない。

情報を受けた行政責任者は調査し、ＯＳＣに報告する。またＯＳＣを通して告発者のコメントを取り、ＯＳＣのコメントと提案を加えて、大統領と議会の司法委員会に報告することになっている。

ＯＳＣが担当行政に情報を提供しない場合は、告発者にその理由を説明しなければならない。

五　内部告発者保護の歩みと包括法の制定運動

アメリカの内部告発運動は、ベトナム戦争やウォーターゲート時代の政界、行政の腐敗に対抗して活発化している。ラルフ・ネーダーが内部告発に関する最初の大会を組織したのは、一九七一年だった。七二年に環境に関する法律、「水質汚染制限法」に内部告発条項が導入され、議会も対応し始めた。七七年には内部告発者を援助する団体、GAPが設立された。その後、行政としてOSCが創設され、市民団体「政府の説明責任を求める会」のホットラインが設置された。

一九八〇年代に入り、民間人にも適応される法律が制定されていった。ただ八三年には、連邦最高裁判所は、「連邦の職員は自分の上役を訴える権利はない。これは内部機構の問題である」という判決を出している。

八八年には、レーガン大統領が内部告発者保護法に対して拒否権を発動した。しかし一方、民間で始めて、カバロ財団が内部告発者に報奨金を出した。八九年には、ジョージ・ブッシュ大統領が、連邦職員の提訴権を拡大した内部告発者保護法にサインをした。

九〇年代になり、企業が倫理綱領や倫理セクションを設置し、綱領の実施やホットラインを社員に周知し始めた。

九七年には、連邦最高裁が「不正請求禁止法」は九六年以前の不正に対しての支出を回収するために使ってはならないと判決し、時効を示した。

九七年には、ヒューストンの連邦地方裁判所が「不正請求禁止法は、憲法に違反している」という判決を出している。

以上のように裁判所や大統領の判断はゆれ動いているが、着実に保護や権利は定着してきていると見るべきである。

ただアメリカの保護法は前述のように、縦割りであって包括法がないことに運動団体は苛立ちを高めている。トップランナーとしてアメリカが包括法ではなく、各種法律の修正で対応してきた経過があるが、イギリスのような包括法が必要だという要求は今後ますます高まるだろう。

第五章　アメリカの実践

一　食品の安全を内部告発で

新しいジャングルで闘う

今アメリカで「新しいジャングルで闘う」という言葉が、食品の安全性問題を扱っている団体の合言葉となっている。消費者運動の啓蒙書として、古典になっているアプトン・シンクレア著『ジャングル』（一九〇六年）は、シカゴの精肉工場の不衛生を暴露した本である。この本が出版されたとき、多くのアメリカ人が食肉の安全に危惧を持ち、かつ怒った。この本が時の大統領セオドア・ローズベルトの目にとまり、「食肉検査法」「純正食品・医薬品法」の制定に繫がった。その後、食肉は、連邦の検査プログラムによって監視され、農務省認定の紫色のシールが貼付されている。

しかし近年の規制緩和の波が、この食肉工場の検査法にも及んで、問題が浮上してきた。ヨーロッパで狂牛病や口蹄疫症で食肉の安全問題が深刻化している中で、一九九六年、クリントン大統領は、食肉は企業の自主認証によるＨＡＣＣＰ・Hazard Analysis Critical Control Point（危害分析重要管理点）の導入を提案した。長年食肉の安全性は、連邦食肉検査員や、その連合組合、消費者団体などの関係者によって、検査システムの監視が続けられ、食品の安全性を高めてきたのに、ここに新しく食肉の安全性についての不安が噴出した。一〇〇年前にシンクレアが『ジャングル』に書いた食肉の安全性問題が再度浮上し、消費者団体をはじめ、連邦食肉検査組合などが「新しいジャングルで闘う」ことになったのである。

農務省が、試験的に企業の自主検査体制をある食肉工場で実施してみた。その結果を内部告発者保護団体や消費者団体が共同で検査したところ、やはりというべきか、汚染が発見された。その検査に協力した連邦検査員が言う。「今までは連邦検査員が、屠殺から加工まで、病気と排泄物のチェックを目視、臭気、触手で検査していたが、新しい方法だと連邦検査員の役割は書類検査だけで、かつてのように商品を見ることはなくなった。最終的には農務省の認証スタンプが押される前に、付着した汚物を除去しているだけである。企業の従業員は、公益より企業利益を優先するように圧力がかかり、さらに検査する従業員が極端に不足している」。しかし導入されたＨＡＣＣＰは、主として安全の保証を企業が負うことになっている。

病気の鶏の検査――検査員の内部告発によって改善される

具体的には、一九九九年、企業の自主検査への移行を試験的に行なったのは、アラバマ州のゴールド・キスト社の工場であった。検査した結果、病気に罹った鶏が食品として学校の給食に使われたと、報道関係に公表した。そこで政府の責任者が〝予備調査〟として現地に赴いたが、「ゴールド・キスト工場は何も問題はなく、商品は安全である」と発表した。しかしほとんどの工場検査員は、病気の鶏にも農務省のシールが貼られ、出荷されていることを確認した。工場では、ワシントンから農務省の役人が来る前に、病気や排泄物をチェックする三つのラインに、急遽二つを追加した。工程ラインのスピードを下げ、一分間に検査を一三〇羽から五一羽にしたが、それでも監視を通り抜けた病気の鶏がいることが発見されたのである。さらに、工場の記録では、連邦調査員が来るまでは、一日一七万七〇〇〇羽を検査し、廃棄処分はたった五・五％であった。しかし連邦調査員が来てから、検査を一一万五〇〇〇羽に減少させて、三三％が廃棄されるまでになった。これは検査員たちによる内部告発によって改善されたのである。「内部告発の重要性と必要性を示す古典的なサンプルである」と団体関係者は述べている。

ただ、内部告発を受けた農務省の調査は、事実関係ではなく、告発者が提出したデータの出所、あるいは報道関係に通報したのは、勤務時間内であったか、時間外であったかなどに集中し、告発者に対する嫌がらせや罰則の調査であるという意図がみえた。これに対して消費者団体は、「このような質問は、内部告発者保護法によって、罰則のための調査を禁止した条項に抵触している し、病気の鶏肉が消費者にわたるかどうかを調べるべきである」と抗議をしている。農務省が病気の鶏肉の証拠を隠そうとしていたとして、連邦検査員が告発し、それに対して農務省が報復を企てていたことが発覚したのである。農務省の「食品の安全と検査サービス」責任者は、内部告発者保護法の禁止規定を無視し、告発者に「このようなことに農務省を巻き込むリスクは、当然予測しているんだろうな」と脅したという。農務省としては、省内に直接通報したのではなく、最初からマスコミに告発し、衝撃的なニュースとして流されたことに憤慨したのだろう。しかしマスコミで大きなニュースになったからこそ、検査体制の大幅な改善に繋がったのである。

　このように、屠殺工場や精肉工場の検査員や従業員の内部告発によって、汚染や衛生上の問題が明るみに出て改善されたが、精肉や鶏肉産業は自主検査を強固に主張している。ほとんどの企業は従業員の配置転換で新しいシステムに対応しているが、多くの従業員は不法滞在の外国人で、弱い立場にいる。企業の方針に逆らうと、首きりの恐怖だけでなく、国外追放されることになる。現実に工場の従業員の半分が、一挙に国外追放されたところもある。食品の安全の権利を守るために行動すると、従業員自身の安全が脅かされ、働く場所が失われるという構図である。「政府の説明責任を求める会」では、次のような要求を出している。
①食肉関連の職場の安全、消費者の健康、屠殺者などの内部告発者を守る法律を制定する。
②農務省の認証シールを貼付する精肉や鶏肉は、その屠殺場や養鶏場の検査が政府検査員によって行なわれること。
　狂牛病で世界中が食品の安全性に関心をもっている。企業の自主検査では消費者に安全性への確信を与えることはできない。アメリカの「新しいジャングルで闘う」というスローガンは、行政の厳しい監視と内部告発者保護の要求となっている。

内部告発による食品の安全性の担保

　肉骨粉の事件以来、行政の厳格な検査に対する要求は、日本でも同様であるが、行政の検査委員や企業の従業員による内部告発によって、食品の安全性を担保していこうという運動は、まだ日本では活発ではない。日本の場合、雪印乳業の牛乳食中毒事件が発覚したとき、工場がＨＡＣＣＰを取得していたことに多くの消費者運動家は驚いたが、その他、原因の特定が二転三転したこと、有効期限切れの牛乳をまた使用していたこと、二〇〇〇年六月に最初の被害が発生し、情報公開が遅れて一万人以上の中毒者を出したこと、原因の特定が八月になったこと、その原因が、四月の北海道の工場での停電で、生乳に黄色ブドウ球菌が増殖し、エンテロキシンＡ型が発生したことである等、驚愕することが多かった。さらに国産肉と輸入肉の表示を自由に、企業の恣意に任せていたことが発覚し、消費者の怒り、不信感を増幅させた。牛乳の事件の時は「買わない」という購買行動になって現れ、結果としてグループ全体の大幅な販売力の低下、関連社長の退陣に至ったが、表示の偽装は企業の存続に関わるという深刻な事態を招いた。

表示偽装の発覚は、関連企業からの内部告発によると言われている。雪印社員ではなかった。従業員がその危険性、違法性に気付くことがなかったのか、知っていても企業への忠誠心で告発することができなかったのか、内部告発した場合、同僚からの嫌がらせなどをおそれたのかなど、調査の余地がありそうである。結論的には従業員に食品を販売するという高度な注意義務を課せられた企業で働いているという自覚がなく、営利企業の一員であっても、個人的には企業市民としての責務があるという自覚が欠如していた、と言わざるをえない。

二　捏造医学研究に内部告発を

「高圧線からの電磁波と子供の白血病は因果関係がある」などといった健康に関する研究結果が、時々アメリカ発のニュースとして流れてくるが、素人の消費者にはその信憑性はわからない。ただ、高圧線の付近に住む人たちを動揺させたことは確かである。日本で高圧線の近くに住む友人から、転居すべきかどうか相談を受けたことがある。

アメリカでは医学的調査で研究者が社会的注目を得たいため、あるいは論文作成の助成金を獲得するために、極端な結論や時にはデータを改竄して発表することがあるという。ちなみに「高圧線の電磁波と白血病」の関連は、アメリカ議会の依頼で追跡調査が行なわれた。結果は、子供の白血病と高圧線の疫学的調査(病気を集団現象として観察し原因を明らかにしようとする方法)では否定できないので、科学的・医学的にも継続的な研究が必要であるという結論であった。

ジャンク・サイエンス

アメリカでは、特に十数年前から政府の補助金を得るために、医学関係の学者を含めた科学者たちが実験データなどを捏造した論文が増え、問題になっていた。いわゆる「ジャンク・サイエンス(がらくたの科学)」と呼ばれるものだ。政府の科学分野への補助金は膨大で、アメリカ健康研究所の医学・生物分野だけでも約九〇〇万ドルにのぼるという。しかし数年前から政府機関に申請があった論文のうち、疑問のある四二件を調査したところ、二二件にデータの捏造、虚偽があり、二件の盗作も見つかった。

博士号を持つ研究員一〇〇〇人を対象にした別の調査では、二七%が「補助金がつくように都合のよいデータを選び、また改竄する」と回答している。たとえば、ハーバード大学の若い研究者は、特定の医薬品が心臓麻痺の初期症状の改善に効果があると発表したが、後で実験データを改竄していたことがわかった。こうした背景には、研究機関の増え過ぎによる過当競争があると考えられているが、一九八九年政府は、調査統合局を創設し、不正論文の摘発に乗り出した。

しかしその後も、科学研究の不正に対する非難は収まらず、一九九三年議会は「研究の信頼に関する委員会(Commission on Research Integrity)」を創設し、行政の監督、組織の説明責任、従業員の権利に関して検討するように要請した。信頼性委員会は、連邦政府の基金で行なわれる科学論文の捏造に対して、医学研究の説明責任をどのように構築すればよいのかの、最終の報告書を提出した。委員会は病院、大学の医学部の専門家、内部告発運動団体である「政府の説明責任を求める会」(GAP)の代表など、一二人で構成されている。一般の公聴会も行なわれ、最終報告書には重大な構造的改革が提言されていた。改善の基礎は、科学的な捏造に対する責任を広げるために「内部告発者の権利章典(Whistleblower Bill of Rights)」の成立が必要であるとしている。ただ章典であり、法律ではないが、その目的は、科学的不正をコントロールし、長期間市民の知る権利を蹂躙してきた秘密行政を終わらせることである、と述べている。

特に「内部告発者の権利章典」が、科学的研究論文の捏造防止に効果を発揮する手段であると、運動団体の代表は考えている。連邦の予算で行なわれる医学研究の不正に、他の科学の学生、研究者などが告発をすることができるように、法的に保護するシステムである。権利章典は広く私的機関にも適用される。

三　研究費のカットではなく内部の浄化で信頼を

極端な結論を出したり、データを改竄した医学研究が少なくないという事実が発覚するにつれて、医学研究に対する信頼はかつてのように高くなくなった。しかしエイズ、アルツハイマー、心身症など、どの年代層も発症の不安を抱えているのも事実で、新薬の発見に対する期待は大きい。連邦議会では予算を配分するとき、医学研究費を削減する理由として不正医学論文の存在を使おうとするが、国民は医学分野の研究に対しては、政府の資金面でのサポートを望み、国家予算から削減しないことを希望している。

なかでも、医学研究の総元締めであるアメリカ健康サービス研究所の連邦予算は、危機にさらされていた。連邦議会は、予算の赤字を埋め合わせるため、医学などの研究費プロジェクト費をカットしようとした。また市民の間にも、研究費の不正支出のスキャンダルや論文の捏造に疑惑を深めるニュースが流れた。たとえば、連邦の研究費がヨットに化けたり、また金製の浴槽部品になったという。このニュースは九三年の信頼性委員会の報告書にも影響を与えた。同委員会が調査した論文では、乳がん、免疫システム、神経症状、アルツハイマー、致命的な医薬品副作用、食欲減退、食欲亢進、関節炎についてのテーマなどに、疑わしい箇所があった。同委員会のメンバーは、これらの論文の被験者になった患者を対象に聞き取りを行なった。さらに平凡な結論に終わった研究の予算が、他に流用されていないかなどを調べた。その結果、疑惑はさらに深まっていったのである。

専門家による内部告発

このような情況下で、大学や研究所が、予算をカットされるという後ろ向きの姿勢に対処するには、信頼できるチェック・アンド・バランスのシステムを採用することであろう。スキャンダルを回避し、信用を回復するためには、科学者の倫理と組織の説明責任を果たす新しいメカニズムの構築が必要である。この改革のリトマス試験が「専門家による内部告発である」と委員の一人は述べている。

「科学は真実を探求するものであり、科学は倫理感が基本になければならない。しかし実際にこの理想に実効性を与えるのが、内部告発者である。研究者が真実を覆い隠すとき、あるいはよくある〝知りたくない症候群〟によって、告発内容に関心を示さないときがある。だが、科学者の義務として、お互いに議論し、あるいは思想の自由という理念のもとに、疑惑を公然と述べる必要がある」

しかし科学者の世界でも、不正告発者には報復が待っている。一方では、科学者たちは科学や学問の自由の原則を過度に主張するが、真実を話すことに一歩を踏み出す内部告発者に対しては、報復で報いるのである。アカデミックな世界での内部告発者の相談にのってきたある弁護士は、「比較的若い層の科学者が、比較的年齢の高い科学者を告発するケースが多い」と言う。その弁護士は、決してそれ以上、深く追求することを勧めない。「あなたが告発しようとする人は処罰を受けないだろうし、告発は適切に調査されることはない。その代わりあなたが職を失い、専門的なキャリアを失い、科学界から追放される」と忠告するという。前述した信頼性委員会によって審問された三〇人の内部告発者の証言は、迫害の事実を裏付けている。

告発者の中には、告発した組織から精神分析を受けることを強制させられたと報告した人が数人いたし、身辺の危険を感じた人、学問の世界から追放された人などがいた。ある女性研究者は、癌の研究論文に上司の主任研究員と結果を完全に一致させるようにと言われ、抗議をして首になった。政府の調査委員会に提訴し、職場に復帰できたが、危険な廃棄物が保管されている部屋を与えられた。結局退職し、現在は玩具会社で働いている。ハーバード大学医学部大学院の教授で、同委員会の委員長であるケネス・レイアンは、このような報復は一般的であると見ている。「科学分野における発見や結論は、（企業が注目し）影響が大きいが、これは専門家自身が不正をしないという自己抑制に負うところが大きい。内部告発は不正が公表される重要な手段である」と委員会のメンバーに語っている。

内部告発者の権利章典

信頼性委員会の報告書は、問題の深刻さを述べ、広範囲な改善を奨励し、科学の道徳性を強めるための三〇項目について提案している。内部告発者の権利章典は、不正な研究を告発する研究者の能力を強化する一方で、告発者に対するいじめや差別を止めさせるための手段である。同報告書の次の段階は、アメリカ健康研究所の「研究と道徳課」による実務の検討となる。

「研究と道徳課」は、内部告発者の権利章典を実効あるものにするための、中間ガイドラインを提出した。このガイドラインは、政府の法的規制を導入するかどうかを決定するものである。もし、大学や研究所がこの中間報告にある告発制度を任意に受入れるなら、同課は、通常の監視を大学や研究所に任せるとしている。医学的な研究論文のすべてを、二四人以下の少ない行政マンでチェックするのは不可能である。「研究と道徳課」は、告発者保護のモデルを作成して指針を示した。「同課は、大学や他の研究機関が喜んで科学の自由に責任を取るインセンティブを与えるために、現在の法の下で最善のことをした」と評価されている。内部告発運動団体からも、「信頼性委員会は、科学の自由と説明責任を打ち出し、内部告発によって浄化するという画期的で、重要な結論に達し、大いに一般の利益になる」と絶賛されている。

最終的に科学界においても、不正な研究論文を告発する人こそ高い倫理観がある、と認識するようになったのである。医学論文や研究の捏造、不正なデータ使用、事実のねじ曲げなどに対抗するために、行政が予算を削減したり、検閲強化をすることは良策ではない。大学や研究所自身が、内部告発者保護システムを導入することで、自浄能力を高め、自らを高潔にするように仕向けなければならないことになった。

ちなみに信頼性委員会が提示した「内部告発者の権利章典」は、次のような権利をうたっている。

①情報のオープン化
②報復からの保護
③公正な審査
④公平な扱い
⑤情報へのアクセス
⑥迅速な手続き
⑦内部告発者の行為の承認

四　「勝った・勝った」方式を導入

ADR＝第三者紛争処理機関の設置

訴訟社会のアメリカでも、裁判にかかる社会的コストが問題になり、紛争の解決を裁判外で調停・斡旋・仲裁する機関の利用が増加している。このような機関を、第三者紛争処理機関（ADR・Alternative Disputes Resolution）という。ADRには、組織の形態、調停委員などの資格、調停結果の拘束、コストなどさまざまな違いがあるが、安価、迅速、簡便性を持つ機関であることに変わりはない。日本でも地方自治体の消費生活センターや業界別、製品別機関があり、また弁護士会などが第三者紛争処理機関を設置している。行政が公費で実施しているところ、業界や企業の出資によって運営されているところ、弁護士などの専門家団体によって行なわれているところがある。これらは小額被害や簡単なクレームの解決には有効な解決手段となっている。金融商品やインターネット取引など新しい分野でも、ADRを設置して苦情処理を行なうことを業界で検討している。

OSC（特別相談局）も告発者からのいじめや差別待遇に関する苦情を調停するために、組織内にこのADRを設立している。OSCの場合は、告発者と組織側の双方に対し、調停の結果に拘束力がない。調停はするが、必ずしも実行しなくてもよい。苦情者と、雇用している組織との合意が得られなければ、最初の調査部門に戻されるだけである。ＯＳＣの場合は、調停をする人が法律家ではなく、訓練を受け、経験を積み、連邦法をよく知っているという条件に当てはまることになっている。ＯＳＣとしては、スタッフに調停員としての訓練を受けるように勤務当番を割り当てている。ただ、申し出者の方は、調停員を指名することができない。アメリカの調停機関の中には、調停委員を選択し、指名することができる制度を導入しているところがあるが、ここでは苦情者からは個人的に調停委員を選べないことになっている。この方法で調停に寄せられたケースの約七割以上が処理できているという。ほとんどの調停時間は八時間以内で完了している。ＯＳＣの調停機関は、利用者の多くが処理に満足しているというアンケート結果があり、有効に機能しているようだ。

このようにＡＤＲはさまざまな方法で実施されている。裁判の判決のように勝敗を明確にして、敵対心を増幅するのではなく、双方が納得いくまで話合いを継続する。そして「あなたに問題があるなら、私も言い分がある」と対面して理解を深め、どちらも「勝った、勝った（ウィン・ウィン）」と言う満足心をもたせるという方法を取り入れている。調停委員も弁護士などの法律家ではなく、普通の社会人が訓練を受けて、常識的に裁定する。通常は、片方の言い分を弁護士や相談員が聞いて相手に伝え、その回答をまた片方に伝えるというもので、双方が同席する方法は取らない。消費者と企業の代表なら、消費者は相手の前では十分に意見を伝えることができないだろうから、弁護士や相談員などが仲介をする。アメリカでは、この仲介人が間に立つという方法ではなく、最近ウィン・ウィン方式が採用されることが多いという。

ウィン・ウィン方式の採用例——核施設問題での調停制度の導入

内部告発者と組織の紛争解決にこのウィン・ウィン方式を採用しようという機運があり、また実際に採用し、成功している地域・組織がある。OSCの場合は、連邦政府機関の導入であるが、ローカルな地域でも先進的に採用し、成功しているところがある。

ワシントン州の南東部のハンフォードには核施設があり、政府の核軍備計画に添って、核物質の生産を行なっていた。このためハンフォードは、核の廃棄物によって北アメリカで最も汚染されていると言われている。さらに、水素爆弾製造に必要なトリチウムをつくるための新しいテスト用建物を建設する計画が提案された。この事業は、連邦エネルギー省とワシントン州のエコロジー局が、ウェスティングハウス・ハンフォード社との共同で事業を進めていたが、会社はこのことを一般に知らせることなく、医療で使うアイソトープの開発をすると見せかけていた。この原子炉を始動させる企業の試みを、従業員が市民団体と共に告発した。

そこで、地元や全国的な市民団体の大きな反対運動が巻き起こった。それまでも、核による汚染防止の環境整備のためには、数百億ドルの費用と五〇年間の努力が必要と言われて、環境保護団体や、内部告発者による苦情、抗議、訴訟が絶えなかった。そこで新しい内部告発者と企業の話合いによる解決として、調停に委ねる方法を採用したのである。第三者紛争処理機関であるが、日本の業界別に作られた調停・斡旋機関ＰＬ（製造物責任）センターと違ったシステムを採用しているので、参考のために紹介する。

名称は、ハンフォード合同協議会。一九九五年に発足し、独立性が極めて高い。その独立性を担保するのは、資金と人材面である。ハンフォード合同協議会の資金は、行政から出ている。環境や安全問題の主な非難の的となっていた行政の出資ではあるが、協議会のメンバーには、行政マンは一人もいない。

メンバーは、まず地域・一般の利益代表から二名。すなわち、現在は内部告発者保護運動をしている「政府の説明責任を求める会」からと「アメリカ北西のこころ」（会員数が一万六〇〇〇の団体）という核保有地の環境をよくするための運動団体から各一名。先鋭的な運動団体のメンバーを加えているのである。企業から二名。ハンフォードと関係のない公共のメンバーとして、労働組合と大学の健康科学分野の専門家が各一人。この中には弁護士の資格をもっている人がたまたまいることはあるが、弁護士の参加を義務付けてはいない。

最後に特徴的なのは、内部告発経験者を参加させていることである。告発者には独りぼっちであるという気持ちを抱かせないことが重要である。同僚から阻害され、誰も援護しなければ、精神的に打撃を受ける。そこで、かつての経験者を参加させることで、親密さ、信頼性を高め、協議会が告発者の立場を尊重しているという行為を示すことになる。

現在のメンバーで、告発者代表として参加しているのは、ビリー・ガードである。彼女は内部告発後に退職し、弁護士資格を取得したのだが、最初この協議会方式に大変疑問を抱いていた。対立する二つのグループが一緒に座ることはない、つまり話合いで解決することはないと、経験上考えたと言う。しかし現在はほとんどの過程で、うまくいっていると認めるようになった。「協議会のやり方は、全体を保留にし、人々にいじめなどの行動を止めさせることである。記憶しておかなければならない重要なことは、いかに多くの告発者が、キャリアを失ったかということだ。キャリアを破壊されることは、企業の階段を昇ることや管理職になることを閉ざされることである」「企業は告発に対して莫大な額を投資できるが、従業員はそれができない。二〇年間以上働いてきて、自分の技術だけでなく、信頼まで破壊されるという悲劇がある。しかし、このADR方式は、事実だけでなく告発者の真意を直接に聞くのでお互いの理解も深まる」と語っている。

ウェスティングハウス・ハンフォード社の前会長A・ラマー・ツレゴさんも、合同協議会方式を高く評価している。「深刻な問題に対して、安いコストで解決できる。経営と従業員の両方にとって、敗者のいないウィン・ウィン・アプローチは重要だ。以前のような勝者と敗者がはっきりする解決方法には、決して終局はない。歴史的に問題を抱えた企業にとっては、協議会方式を見直すことで利益を得るだろう。最初協議会から提案があったときは、リスクはあるが、あえて挑戦してみようという程度だった。しかし経験してみると、経営上のリスクはなかった。むしろ、ここに基本的に新しい管理技術があると見ている。環境や従業員の安全を考慮に入れつつ、最大限に生産性をあげる組織のための未来の選択である」

合同協議会の目的は、環境、健康、安全に関連した問題で、今後発生するであろう内部告発を、迅速に成功裡に解決することである。合同協議会の調停のやり方は、外部に内部告発されて、問題がエスカレートする前に解決するだけでなく、高度で複雑な問題も処理できることがわかった。コストも過去の訴訟の何分の一かで納まっている。

協議会は、企業と告発者が敵対関係になるのではなく、非公開なアプローチによって、従業員の疑惑・心配を解決しようと、相手の言い分に集中することができる。裁判や正式な調査と違って、このやり方は、外部に漏れて犠牲者を出すこともなく、したがって殉教者もない。キャリアが汚されることも、泥仕合もないという。従業員の疑惑・懸念は迅速に解決され、訴訟のように従業員も管理職も両方が長年ストレスに悩むことも、免職による無駄な活動をする必要もない。従業員は管理職や同僚との関係が修復され、新しくスタートすることができるようになる。

それまでハンフォードでは、内部告発者を取り巻く環境は、敵対的で厳しい関係が続いていたが、それに終止符を打つための相互努力が始まったのである。

コスト面について言えば、裁判コストの平均は五〇万ドルから数百万ドルかかるが、協議会では、人件費、資料費などで平均四万ドル以下と、一〇分の一にもならない。

時間については、通常内部告発の裁判では、二年から三年掛かるが、協議会では六か月から八か月である。

マンパワーも節約できるという。訴訟になれば一〇〇人以上の人が、数千時間を数年間費やす。

しかし協議会では、二五人が、たった数日、数時間である。従業員は普通のように仕事をすることができ、数か月後は全面的に生産性が回復する。

協議会の調停・斡旋は、次のような経過を辿る。ただしプロセスは常に検討と改良を重ね、ケースによって柔軟に対応するという。

①従業員が、協議会のスタッフに連絡を取る。

②協議会の責任者かスタッフが申し出の内容について査定し、協議会に支援をする能力があるかどうかを議論する。

③協議会に案件を提出することが決まれば、申し出者の身分を明かさないで、これ以上の評価をするか、適切な検討会を開くか、討議する。

④企業と従業員に、協議会に対して裁定を頼むかどうかを聞き、内容を整理したメモにサインをしてもらう。

⑤偏りのない調停員による小委員会を開く。問題を明確にし、関係者の聴聞を行ない、企業側と検討を始める。

⑥小委員会は問題を分析し、解決のステップを探す。

⑦ケースの見直しとコンセンサスを探る。

⑧協議会は、直接に本人と会社の管理者と話合いをする。

⑨協議会は最終案を考えて、交渉する。

⑩合意解決を発表する。

⑪解決案を実行するために、さらに協議会は双方と一緒に話合いをする。

終局的にすべてが同意するまでメンバーによる話合いが続く。解決は、影響を受けるグループと内部告発保護団体の代表も満足するものでなければならない、としている。同意ができれば、ひっくり返すことはできず、企業も迅速に実行しなければならない。信頼性と効率性に重点をおいている。

裁定された事柄を実行するには、次のように四通りあるが、ケースによって選択される。①ケースを協議会が全面的に処理する。②処理の一部分に外部の専門家を雇う。③会社の従業員たちと組んで、解決する。④申し出た従業員と会社と協議会が共同して、実際の解決にあたる。

企業側は、核施設という存在そのものに賛否が渦巻く微妙な立場であるが、地元の主な批判グループと共に、技術的、個別的、効果的に協力し合っている。一方団体の方も、核に対する固定観念で敵対するのではなく、企業に協力するというリスクを取ったのである。政府の方は、連邦エネルギー省、ワシントン州エコロジー局は、二者間の協力の種子が根付き、芽が出るように、行政としての通常の業務から離れてサポートし、政策のリーダーシップを示している。

これは内部告発者に対して、新しい画期的な見方を定着させたことを意味している。この合同協議会の調停が扱った八件のケースのうち、少なくとも六件は、本来なら内部告発のケースとして、企業のいじめ、差別、それに対する訴訟といった悪循環になるところだったのが、協議会の調停で収まったという。またウェスティングハウス・ハンフォード社が苦情を受け取って、四日後に開かれた協議会の調停を受け入れて解決した例もある。協議会が発足して、訴訟に発展したり、一般の議論になったりしたことはない、と責任者は報告書で述べている。

核施設の問題について、調停制度を導入して、内部告発者との紛争を解決しているところに、アメリカの実践主義的な面がある。企業と運動団体側、行政の三者が調停制度の成果を認めている。先鋭的な団体の代表者や内部告発経験者を巻き込んだことが功を奏したといえよう。行政も資金は出すが、人事やその他の干渉をしないという。ＡＤＲは独立性と資金、公正性と人選、ケースの公開と解決の信頼性など、微妙な問題を抱え、関係者だけでなく世論にも支持されるシステムの構築が肝要である。その点、日本の業界団体のＡＤＲは、資金と運営者との関係が、全面的に断ち切れない限り、たとえすべての関係者が善意で対応したとしても、システムとして中立性、独立性が担保できていると評価できないのではないか。

第六章　イギリスのケース

一　二番目の告発者保護国に

イギリスが、なぜアメリカの後を追って、国政レベルでは二番目の内部告発者保護国になったかの理由は、法制度の問題を別にすると様々であろう。イギリスは階級社会が安定的に残存し、福祉国家として長い間、弱者保護を行なってきた。しかし経済が停滞し、大英帝国時代の遺産を食いつぶした。そこで「鉄の女」サッチャー首相が世界でも早期に規制緩和を断行し、競争原理を強力に導入した。労働組合や生活共同組合という組織を発展させてきたイギリスは、ようやく企業の効率性を追求することになった。それは護送船団方式に守られてきた日本企業が競争原理の強化を迫られている現状と相似形をなしているように見える。ただ、日本が終戦後、経済の回復、発展に邁進した陰には、悲惨な公害を体験し、都市は緑を失い、いびつな豊かさが残ったという負の側面が多かった。

一方イギリスは、一九六〇年代の後半、筆者が家族と共に四年間生活したときは、医療や公教育に費用を払ったことはなかったし、郊外の美しさに心をなごませた。福祉政策や自然環境など、すべてが別世界のような暮らしに感嘆したものだった。しかし、その後鉄の女の指導によって、大きな変革を断行した。この経済的、社会的転換がイギリス人の精神構造に変革をもたらしたのではないか。さらに、ともすれば暴走する競争社会の中で、組織の不正や違法行為に対抗するには、個人の自覚と行動に依拠することが大である、という認識に到達したのであろう。

ただ、イギリスで内部告発者保護法である「公益公開法」が成立するまでは、長い間〝法的砂漠状態〟が続いたと、『内部告発』を書いたマイケル・カヴァとゴードン・ハンフリーズが報告している。「公益公開法」が成立する一九九八年まで、アメリカと同様に様々な縦割りの法で対処してきたのだ。

一九九二年、石油掘削装置のオイルパイプが爆発する事故後、「オフショア安全法」(Offshore Safety Act)が制定された。これは沖合い勤務で、安全のチェックなどの仕事に従事する人が、安全に関する告発をしても犠牲にならないよう保護することを目的とした。したがってこの法は、沖合い基地要員に限定されていて、誰にでも適用される法ではなかった。

一九九五年マックスウェル年金基金が、基金の不正操作をしていることが発覚し、「年金法」(Pensions Act) の中に積極的な内部告発義務が挿入された。

職場の安全について警告する人を保護する法は、一九七八年に制定された雇用保護統合法(Employment Protection Consolidation Act) の中に見つけることができるが、一九九六年に雇用権利法を、情報を提供しやすいように改正し、効果をあげるようにした。しかしこのような保護を得るには、従業員は責任ある、合理的な行動をしなければならないという制約と限定がある。保護されるべき手続きをとって告発した従業員が、職場で犠牲になった、あるいは不利な立場に立ったなら、労働裁判で雇用者に対して賠償請求の訴訟を起こすことができるが、雇用関係者以外には適用されず、雇用者の権利という限定である。たとえば、雇用契約を結んでいない職場に派遣された従業員などは除外されることになる。したがって法の保護範囲は、こま切れであった。

一方、一九九八年に「公益公開法」が成立するまで、法の間隙を埋めたのが裁判所の判決であった。ただ、内部告発者保護の判決がでるのは、裁判官の先見性などに依拠し、すべての判決ではなかったことは当然である。

二　法以前は告発するのが怖かった

公益公開法が具体的に検討されたとき、政府は法案に反対であった。その後事件がしばしば発生し、結局、一九九八年に成立することになる。

公益公開法の立法化の後押しをしたケースに、ベルギー南西部の港で起きた悲惨な事故がある。イギリスのフェリーが沈没し、一九三人が犠牲になった。このケースでは、従業員が中間管理職にフェリーの開口ドアの欠陥を指摘していたが、無視された結果の惨事であったことがわかった。またロンドン市内で列車の二重衝突事故が発生し、三五人が死亡。さらに一九九三年には、カヌー事故で四人の幼い生命が失われた事件もあった。事故はセント・オーバンスにある子供のための活動センター内で発生したが、このセンターの従業員が安全管理マネージャーに、安全点検に欠陥があると警告していた。しかし、マネージャーはそれを無視して点検を見直さず、事故が起きた。従業員の警告が、マネージャーを殺人罪で有罪の判決を受けさせることに繋がった。さらにこれがきっかけで、消費者団体が、子供活動センターの管理強化などの規制キャンペーンを開始した。

一九九六年四月、イギリスの有名な消費者雑誌『ウイッチ』が、「内部告発をする」というタイトルで記事を書いている。まさに「公益公開法」の立法化運動が展開され、法案が議会に提出された年である。「多くの従業員が、一般消費者を危険な目に合わす経営者について、声をあげる必要を感じている。しかし彼らが内部告発をした時は、どんなことが起きるのだろうか」と疑問を呈し、当時検討段階にあった告発者保護法案の立法化を訴えた。

イギリスで内部告発者保護運動を積極的に展開している「職場における公益」は、一九九三年に設立されている。発足当時から内部告発に関する相談を受け付けているが、一九九六年までに寄せられた告発のうち、一二〇〇件のケースを調査したところ、そのうち七五〇件は、法違反か、社会的に損害を与える深刻な不正行為の申し立てだった。この半数は金銭的な不正行為で、後の五分の一は職場の安全性、四分の一は一般公衆に対する危険性に関してであった。同団体の関係者は、「企業や組織は、このような問題を扱うシステムを構築していないので、内部告発に発展する事件がしばしば発生している」と、コメントをしている。

同団体が紹介した事例では、遊園地の乗り物に欠陥を見つけた従業員が、管理者に警告したが、逆にいじめにあい、同団体に連絡をした。結局遊園地は、一時閉鎖に追い込まれた。

有名なスーパーマーケットのデリカテッセンで、賞味期限の切れたコールドビーフやサラダの日付を張り替えて再販売しているのを見かねた従業員が、支店の管理者に通報したが無視されたので、職場をやめて地区マネージャーに告発した。

病院内の研究所で科学的な不正が行なわれていると警告してかく首され、さらに年金の資格も剥奪されかけたというケースもあった。この場合は後に年金資格は回復した。

このようなケースの相談をうけた団体は、事実を調査するが、申し出者が匿名を希望すれば、名前を伏せて適切な組織と交渉をする。

一方、病院の医療過誤、子供の虐待、危険な商品による事故などが発生した後で、警察が調査した結果、従業員は危険に気付いていたが警告を鳴らすことが恐ろしくてできなかった、というケースが多いことがわかった。職を賭して告発するのは、少数の勇気ある人たちだけであった。

悲惨な事件の発生、運動団体の活動によって、イギリスは「公益公開法」という包括的な法を制定した。同団体は、この成果に満足し、これからどのようにして、実績を重ね、実効ある法にしていくか検討を重ねている。また、企業や官庁側が内部告発をあくまで内部の段階で処理するマニュアルも作成している。

三　安全、健康、財政、環境などすべての分野で適用

イギリスの「公益公開法」は、「雇用権利法」の追加という形式をとって立法化され、一九九九年春から施行、内部告発者の「被害に苦しまない権利」などを保障している。組織の不正などの秘密をオープンにする新しい法律であり、イギリス国内の企業、工場、病院、政府官庁、慈善事業、事務所、店舗などの不正行為、金銭的不正、医療過誤、市民サービス綱領の違反、不適切な看護、健康や安全面での危険、環境汚染、商品の危険などに、疑惑をもつ従業員が告発したときに適用される。したがって特定の職種に限定しないで、すべてを範囲とする。

「公益公開法」はリチャード・シェファード下院議員個人の議員立法として提出され、政府やすべての主要な利益団体の強い支持を得た。目的は、従業員が不正行為の疑惑や安全についての懸念を申し立てできるように、すべての組織が説明責任を負うことと、企業統治を良くすることである。さらに管理者にはその疑惑を受け入れるよう奨励し、もし従業員を犠牲にするようなことがあれば罰せられることになる。

不正行為とは、犯罪、違法(この中には怠慢、契約違反、行政法の違反が含まれる)、道義に適わない行為、健康と安全の危機、環境汚染、それにこれらの隠蔽となるが、「道義にかなわない行

為」の解釈が、今後議論になるのではないか。一般的には、道義に適わない行為とは、倫理に反する行為となるが、これは法律を守ればよいということではなく、法より厳しいものを要求している。たとえば、組織内で内部告発システムを構築することなども入る。さらに運動団体が発行しているパンフレットの法律解釈によると、「偽証のような、あるいは信用できない法廷技術を駆使するような、問題があるケースを含んでいる」としている。ここでは裁判を絶対的な存在と位置付けているのではなく、「justice」（正義、公正、公平）という概念を重視している。アメリカの過熱する法廷闘争を意識して、釘をさしているとも取れる。企業が豊富な財力と人材を投入して、弱い消費者を訴訟に巻き込むなどは、合法ではあっても倫理にもとる行為となろう。

四　証拠がなくても合理的に信じた告発は保護

隠蔽では、実際に起きている不正行為だけでなく、不正についての情報を故意に隠蔽したケースも含まれる。日本の三菱自動車のクレーム隠しが、この事例に当てはまるのではなかろうか。さらに、合理的（常識的）に見て告発者が不正の隠蔽があると信じて提供する情報ならば、必ずしも証拠がなくても法の適用範囲になる。イギリスの法律は、過去に行なわれた不正行為、現在進行形の不正行為、未来の不正行為を対象にしている。法律の条文では「is likely to occur」「is likely to be」となっている。「起こりうるかもしれない」という、可能性であり、未確定なことを含めているところに注目すべきであるように思う。

個人の適用は、従業員だけでなく、訓練中の者、契約者、家事従業者、行政のスタッフなどである。健康と安全の危険性の説明では、従業員や他の個人に脅威を与える時に適用され、具体的に、病院の患者、列車の乗客、世話をされている子供、電気製品の消費者、レストランの顧客などを挙げている。雇用法では年齢や雇用期間などに制限をつけているが、「公益公開法」は制限を設けていない。ただし、自営業者やボランティア、警察、軍隊には適用されない。

内部への通報については、もし内部告発者が、不正が行なわれている、あるいは行なわれるかもしれない（likely to occur）という合理的な疑惑を、マネージャーや経営者へ通報した場合は、法の保護は受けられるとしている。第三者がその不正に責任がある場合も、その第三者に同様な警告をすることが必要である。

規制官庁への告発については、特別な条項がある。たとえば医療問題なら、健康・安全管理室、財政問題なら金融サービス庁が担当である。関係のない行政への告発ではなく、監督官庁、あるいは関連官庁への通報でなければならない。内部告発者の通報にいたるプロセスが正しく、情報の申し立てが真実で、偽りなく、合理的に信じられるという諸条件に合致していれば保護される。

通報に対する条件や、すべての状況において、本人に利益がないなど合理的であれば、外部への通報、たとえば、警察、メディア、担当行政でない機関に通報しても保護される。つまり、告発者に何らかの特別な利益がある場合は保護されない。

五　トップに信頼がないと外部へ通報

「情報の申し立てに、合理性があるかないか」の裁判所の判断には、二点ある。まず第一は、内部告発者自身が、「職場で報復を受け、つらい立場に追い込まれる」と、常識的に信じていないならば、申し立ては企業の経営者や担当の行政にすべきであり、報道関係などは避けるべきであるという判断である。ただし、もし極端に深刻なケースであるなら、内部でなく外部へ通報しても保護される。

第二点は担当の行政がない、あるいは内部告発者が組織内で情報が隠蔽されると合理的に信じるときは、情報機関などに通報しても、保護される。つまり、最初の一報を内部へしなければ保護されない条件、外部でも保護される条件を定めている。

もしこれらの条件に適合し、告発は合理的であると裁判所を納得させたなら、内部告発者は保護される。告発が合理的だという決定を出すにおいて、裁判所は疑惑の深刻性、告発をした個人のアイデンティティ、危険や危害がまだ存在しているかどうか、雇用主が信頼を裏切っていると第三者も認めているかどうかを考慮する。経営者、あるいは決められた行政に疑惑を申し立てた場合、裁判所はその対応や回答が合理的であったかも検討する。経営者が従業員に信頼されていない場合は、外部への通報も許容されるということであり、経営者の信頼が重要なポイントになる。経営者が競争相手や社内のライバル勢力などといった低次元にばかり目を向け、従業員から批判されていると、名も知らない部下から思わぬ鋭い矢が飛んできて倒れるということになる。ちなみに、三菱自動車、雪印乳業、雪印食品、三洋電機のトップは退陣を余儀なくされた。

内部告発者が犠牲になった、あるいは法律に違反して解雇された場合、告発者は労働裁判所に損害賠償を請求することができるが、その報償金は損害を基本にして算定され、上限はない。内部告発者が解雇された場合、仕事に復帰するように命令がくだされる。

緘口令・機密保持契約については、経営者と従業員との間で、通常雇用時に交わされるが、「公益公開法」の保護に矛盾する限り、無効である。

ただし機密違反については、当然保護されないケースがある。公務機密法によってカバーされている情報、あるいはプライバシーなど、他の機密違反について、もし陪審員が告発者に対して情報公開が逸脱していると評決した場合か、あるいは裁判所が告発者が法律に違反していると合理的な疑いもなく認めた場合は、保護の適用外となる。

六　海外の医療過誤にも適用

イギリスは「公益公開法」によって、告発者の言論の自由と組織の説明責任の両方を奨励する最初の一歩を踏み出したのである。イギリスの法律は、アメリカ法と同様に内部告発者を保護しているが、三つの重要な鍵がある。すべての分野で適用されること、保護範囲は海外にも及ぶこと、職場での機密保持条項や緘口令を制限すること、である。

法は職場での不正行為に人々が眼をつぶるのではなく、警鐘を鳴らすことを奨励している。組織は賠償責任を負うという強力な罰則によって、公的・私的組織、任意団体の説明責任を強め、告発する人にではなく、告発内容に注目し、適切に処理し、従業員が深刻な不正行為を隠蔽する試みに抵抗するようにさせる。告発者に対しては、解雇されないように保護することによって、公共の利益を促進しようとしている。

「職場における公益」団体は、「組織に抗議する・異議を申し立てる」ことと、「監視して内部告発する」ことを区別している。前者は、誰もが周知していることで、会社の主張と行動には矛盾がなく、合法的ではあるが、意見の違いなどで抗議をする。たとえば、原子力発電所の建設や遺伝子組換え食品に対する反対である。これは言論の自由の問題で、告発ではない。後者は、告発者がただ一人で、あるいは最初の違法認定者となり、放置すれば、生命、あるいは公衆に大きな危険を及ぼす恐れがあるケースを公表する。このケースでは、原子力発電所の建設に環境汚染はないという調査結果を企業側は発表したが、その資料に虚偽があり、環境を汚す事実を隠して建設を進めようとしている、あるいは遺伝子組換え食品の危険性データを改竄して発表した、といったケースなどであろう。

内部告発は、組織の方針に異議を唱えるのではなく、組織が主張や倫理に反した行動を密かに行なっていた場合の内部からの情報公開である。

七　議会の満場一致、企業からの支持で通過した

「公益公開法」は、議会の満場一致で通過した。また企業やその他の組織からの支持もあった。法が成立したとき、多くの人が喜びや賛辞を述べている。

＊リチャード・シェファード（法案の提案者である下院議員）

「我々は、今法令全集の項目のトップに、公共の利益を置く法律を加えることができたのは、本当に喜ばしい。この法律は、秘密主義からもう逆もどりができず、公開と説明責任に向かっていることを象徴している」

＊イワン・マッカートニー（政府で、内部告発法の擁護者となった貿易産業大臣）

「（法律の中にある）これらの基準は、職場での雇用者と従業員の間で、情報公開を促進する手助けになるだろう。我々は、職場での不正を内部告発する人々が犠牲にならないよう保護されるべきであると強く信じている。これがこの法案に、私が全面的な支持と助力を与えた理由である」

＊ゴードン・ボリー卿（上院議員で「職場における公益」団体の財政支援を手助けした勅選弁護士）

「この法律は、人々に自分自身の私的立場だけではなく、広く公共の利益について認識をし、明確にするようにさせた。他人の正当な利益を保護する論理的な行動であれば、法律は告発者が中傷されたり、犠牲になったりすることに対して、傍観しないということを確約する」

＊ノラン委員会のノラン卿（ノラン卿は「公的生活においての基準委員会」を設置し、「組織に対するチェックリスト」を作成した。またインターネットを通じて発信している）

「公共の利益と、雇用者や組織の利益との微妙な、また重要なバランスを巧みにとった法律である」

＊マイケル・ブリドル勅選弁護士（弁護士で「職場における公益」団体の代表）

「内部告発者をうまく保護することによって、我々すべてが依存している組織に対する、一般人、消費者、株主の信頼を修復するのに、役立つだろう」

＊モーリス・フランケル（情報の自由運動の代表者）

「この法律によって、雇用者が深刻な不正行為を従業員に強いる最後の日がきたことになろう。巧妙な隠蔽策によって、人々を黙らせておくことはできなくなった」

＊トム・デビン（アメリカの内部告発運動の「政府の説明責任を求める会」の代表者）「言論の自由と組織の説明責任の両方について、第一歩を踏み出したものである。保護はアメリカにおいてと同様に〝グッド〟であり、法は、すべての分野を通して適用されること、海外の医療過誤にまで範囲を広げていること、緘口令、機密保持条項を制限していることの三つの分野で、アメリカよりも強力である」

どのコメントも、組織の私益より公益を上位においた法の成立に賛辞を送っている。人間の利己心、所属組織への忠誠心などを乗り越え、自らの危険の可能性を侵してまで公益のために成すべきことがあるという、精神的昂揚感が伝わってくる言葉ではないか。

八　比較的新しいイギリスの運動

イギリスでは、早くから内部告発システムを導入した企業があった。エッソやナットウェスト銀行は、内部告発用のホットラインを設置していたという。「職場における公益」団体をサポートしていた金融会社もあった。現在もその会社は資金の提供者として名前が掲載されている。

同団体は情報提供や監視団体として、一九九三年に設立された独立の運動団体である。女性運動グループ、消費者団体、環境グループなどと比較すると、比較的新しい運動団体であるといえよう。イギリスでは女性運動は一〇〇年以上の歴史を誇り、消費者運動も四〇年、環境運動もどの団体が結成されたときを起点するかで違ってくるが、一〇〇年以上前から設立されている。それらに比べると、内部告発者保護運動は歴史が浅い。しかしイギリスの法制定がきっかけとなって、OECDやEUでの検討が始まったこともあり、その意義は大きい。

「職場における公益」団体は、公益のための内部告発を発展させるために先頭をきって活動をしているが、『公益公開法』立法化には強力なパワーとなった。現在では、個人が組織の不正を知ったときの相談業務を行ない、法律家による助言も提供している。また逆に企業、役所、民間組織の中で、内部告発にどのように対応するか、あるいは外部への通報を未然に防止する手段などを提案している。また組織のマネージャーが告発問題にどのように対処するかの訓練を行ない、有効な告発対策を紹介するなど、組織に助言をしている。職場で公正な行為をし、法の遵守を推進することで、公共の危険や不正行為を未然に防止しようとしている。

つまり一方では、従業員に内部告発のノウハウを教え、企業には事前対策の整備を奨励するという、一見矛盾するような活動を行なっている。これは内部告発の公益が組織の私益に優先するからで、両方の立場での市民意識の自覚を促し、定着させることをねらっているのである。このように、イギリスの団体が行なっている運動は、社会的、文化的改革であるといえよう。

政府から一切の援助は受けず、団体の資金は個人と基金財団に頼っている。主要な財団は、五か所のトラスト財団である。イギリスには環境や名所旧跡を保護したい個人や団体が基金を出して、多くのトラスト財団を設立している。これに似せて日本も環境保護のトラスト財団が増えているが、発祥国のイギリスの規模には及ばない。トラスト財団が、環境保護などの他に、このような市民運動にも基金を出して、サポートしていることに、社会の懐の深さを感じる。その他、小口基金の出資者には、小さな基金財団など六か所がある。企業としては、自動車業界、石油会社、銀行などがあり、その他に協同組合連合、イギリス消費者協会などの一〇か所。企業、団体、個人の資料購読者、寄付提供者の名前も挙がっている。イングランド銀行、証券取引所など、行政的な組織もある。広範囲な分野から、資金を集めているのである。

団体の仕事は、主に相談と訓練である。イギリス政府の会計検査院や主要企業から認められているように、告発者側だけに立つのではなく、企業側の対策として手腕を発揮している。政府からも信頼された団体として名前が挙げられた、と自負しているようだ。法律の条文を掲載したブックレット、対策のマニュアルを書いたリーフレット、職場に張るポスター、企業対策マニュアルが入ったコンピューター・ディスクなどを販売している。

第七章　韓国のケース

一　目立つ政治家の腐敗

国会議員と消費者運動家の合同勉強会で、お隣の韓国にも内部告発者保護の法律が制定されたことを知った。法律の名前は『腐敗防止法』。二〇〇一年六月に韓国国会の本会議において可決され、二〇〇二年一月から施行になった。

韓国がこのような法律を制定する背景には、構造的、かつ慣習的に不正な資金供与が行なわれてきた政治文化がある。一九八八年から九年にかけて、全斗煥大統領政権下の不正事件で、全大統領の実弟ら一族一三人を含む四七人が逮捕された。全元大統領はすべての公職を辞任し、財産と政治資金を国に納めた後、二年間山寺に隠遁した。

九三年、金泳三政権は、公務員の汚職に厳しく臨み、元体育青年相、元国防相が相次いで収賄容疑で逮捕された。金泳三大統領はさらに「他人名義の金融取引を禁止する金融実名制（グリーンカード）」を実施した。しかし盧泰愚元大統領が他人名義の資金を保有していることが明らかになり、検察は元大統領を逮捕した。盧元大統領は最高裁で懲役一七年が言い渡されたが、特別赦免で釈放された。

その後も財閥の鉄鋼企業の巨額不正融資をめぐり、財閥グループの総会長が詐欺容疑で逮捕された。またそれに関連して国会議員も相次いで逮捕され、金泳三大統領の次男も収賄容疑で逮捕された。文民政権である金泳三大統領は、軍事的権威主義の悪弊、政治家と財界の癒着を一掃しようとしたが、一般的に「袖の下」が横行していた習慣を断ち切ることは困難だった。

　こうして金大中大統領が「国民の政府」を標榜し、不正行為と闘う姿勢の下で、今回の『腐敗防止法』に繋がったのである。

　国際的に韓国の腐敗がどの程度認識されているか、の指標を出しているＮＧＯ(詳細は後述)がある。ドイツのベルリンに本部を構える「Transparency International」(略称ＴＩ)が、「二〇〇一年度国別腐敗指標」を発表している。それによれば、韓国は一〇点満点で、四・二点で、調査対象九一か国中、四二位となっている。シンガポール四位、香港一四位、日本は二一位、台湾二七位、マレーシア三六位であった。韓国は際立って順位が低い。

　韓国内の刑事政策研究所の調査では、問題が起きたときの解決には、九〇％が「法律より、金、権力、コネが力を持つ」と回答している。(『外国の立法』国会図書館刊　ＮＯ・二〇一)

　特に金大中大統領は、四つの政策課題の一つに「外国資本の誘致」を掲げている。このためには、政官財の腐敗構造をこのまま放置できないという認識が高まった。政治家や官僚の不正腐敗行為を規律する法としては、公職者倫理法などがあるが、実効力のある強力な法律が必要となり、腐敗防止法の制定に至ったのである。

二　紆余曲折を経て立法化

韓国の『腐敗防止法』も波乱なく制定されたのではなかった。金大中大統領は「腐敗を抉り出すことなくして国政改革もない」として、積極的に法制定に乗り出したのが一九九九年である。法案を国会に提出したが、二〇〇〇年に国会終了で廃案になった。その後与党、野党がそれぞれ法案を提出したが、与野党の対立案件で表決寸前に会期が終わり、また廃案になった。

二〇〇一年の本会議では、与党案、野党案、若手の与野党改革派議員による法案が、それぞれ提出され、三案となった。結果は与党案が、過半数ぎりぎりで可決された。

可決された与党の法案の特徴は、検察が不起訴にしたケースでも、起訴するように直接裁判所に決定を委ねる「裁定申請権」を腐敗防止法で、新設する「腐敗防止委員会」に与えるというものである。

野党側は、権力のある政治家などに対して検察は必ずしも政治的中立を保てないとして、「特別検察官制度の導入」を主張し、法案をまとめていた。

若手の与野党改革派議員たちは、三二名で前の二つの法案に反対し、独自の案として「裁定申請権」を行使する対象を広げ、内部告発者保護を強化した法案としていた。

三　「腐敗防止法」の特徴

この法律の目的は、政治家や官僚の不正を予防・根絶し、清潔で合理的な社会つくりに寄与することとしている。

腐敗行為とは、第一に、公職者が職務と関連して、その地位や職権を乱用して法律に違反し、自分や第三者の利益を得ようとする行為。

第二に、公的機関の予算を使ってする仕事で、法律に反して財政上の損害をあたえる行為。したがって、国、地方自治体などの公的資金に関連した贈収賄や汚職関連であり、企業などの違法に関することではない。

次に、大統領に所属する「腐敗防止委員会」を設置することである。委員は委員長が一人、常任委員が二人、委員が六名の合計九人。三人は大統領が任命し、後は国会議長と最高裁の長が各三名を推薦する。

委員会の仕事は、腐敗防止のための施策、調査、教育、非営利団体の腐敗防止活動への支援などの他に、「腐敗防止行為についての深刻な接受等」「申告者の保護及び報償」が列挙されている。これが内部告発を受けることと告発者を保護し報償を与えることになる。

内部告発者の保護は第三章に規定されているが、「腐敗行為の申告及び申告者等の保護」として、内部告発者という文言は使用されていない。

ここで「誰でも腐敗行為を知ったものは、委員会に申告することができる」としているが、公務員は「事実を知ることができた場合」「腐敗を強要か提案された場合」委員会などに通報しなければならないとしている。告発の義務化である。

ただし、嘘の内容を通報した、あるいは虚偽であると知ることができたのに、その努力をしないで通報すれば保護されない、と規定している。これをイギリスのように、内部告発者の意図が誠実で、純粋に腐敗を懸念して通報した場合は、保護されると解釈されるかどうかは判例を待つしかない。第二七条は、「申告者の誠実義務」となっている。ただ意図的な虚偽内容で告発すれば、一年以上一〇年以下の懲役と処罰を受けることになる。

委員会は通報された内容の処理の方法、調査結果の処理などを決めている。告発者に対する保護規定では、身分上の不利益、または職場での差別を禁止している。もしそのようなことがあった場合は、委員会に身分保障を要求することができる。また告発者に不利益を与えた場合、組織は一〇〇〇万ウオン（約一〇〇万円）以下の罰金が科される。

告発者が同意しなければ、氏名や所属を公表されることはなく、本人や家族に脅迫などの不安がある場合は、警察署長に身辺警護を要求することができる項目がある。告発者だけでなく、関連資料の提出などに協力した人、捜査や調査に助力した人にも保護が及ぶ。筆者が知る限り、告発者や協力者の身辺に関しての保護規定は、アメリカやイギリスにはない。

さらに特徴的なのは、告発することに関連して、罪を犯したことがわかった場合、刑を軽くする、あるいは免除することができるようになっている。法律が制定されたばかりで、まだ判例もなく、解釈などの資料も入手できないので、詳細はわからない。しかし条文をそのまま適用するなら、政治家や公務員の腐敗に関する証拠を入手するために、たとえば嘘をついたり、持ち出し禁止資料を盗んだりした場合、刑は免除されるか、通常より軽くて済むということが考えられる。韓国の腐敗防止の意気込みが伝わってくるような条文である。これもまた、初めての、強力な内部告発奨励条項である。

韓国の腐敗防止法では、また褒賞及び報償の項目がある。褒賞とは、功労者を褒め称えることであり、努力に報いるために褒賞をあたえることである。また報償は、損害を償い、報奨金を与えることである。法律では、公共機関の大きな損失を防止し、公益のためになった内部告発者には、賞状が与えられる。また費用の節減に寄与した告発者は報奨金が与えられる。これはアメリカの報奨金制度とあまり違わない。具体的には、「報償審議会」を設置し、支給要件などを決める。

四　評価はさまざま

マスコミの評価としては、全体では不十分な点もあると認めつつ、長年の懸案だった腐敗の防止に対する法を制定したことについては歓迎していると、『外国の立法』の中の「韓国における腐敗防止法の制定」で、白井京は書いている。

ただ市民団体である「腐敗防止立法市民連帯」は、「内部告発者に対する保護規定が盛り込まれたが、虚偽の告発には懲罰規定がある。反対に、組織には報復措置などいじめには、一〇〇〇万ウオン以下という罰金しか科さないのは、不公平である」と指摘しているという。

若手の改革派議員として法案を提案して破れた議員たちは「内部告発者に対する法的保護が十分ではなく、立法の目的を達成することができるかどうか疑問である」という批判の意見を述べている。

韓国の「腐敗防止法」は、内部告発者や協力者の警護保障や告発のための違反行為の刑の減刑などを規定し、アメリカやイギリスにもない制度を導入している点で画期的であるといえる。また褒賞、報償制度の導入も、金銭に対して「不浄」という昔の儒教的な意識を払拭した割り切り方であり、日本の場合も参考になるのではないか。

第八章　国際機関

一　ＯＥＣＤは贈収賄との闘いで有効性を認識

ＯＥＣＤは、国際機関として、贈収賄や汚職との長い闘いの中で、一つの手段として内部告発が有効であるという認識を持つに至った。経営者団体、労働組合の代表が共同で検討委員会に出席し、それぞれの立場から意見を述べているが、共に内部告発の意義を認めている。討議は内部告発者保護の是非論をとうに越えていて、どのようなシステムを構築すればよいかという段階にすでにさしかかっている。内部告発者文化への移行が、行政や企業、その他の組織による贈収賄など、反倫理行為を抑止するのだという認識では一致し、それをこれからどのように普遍化していくかという方法論を討議しているのである。

ＯＥＣＤの報告書では、内部告発の目的は、市民が職場で、社会の公益に関心を寄せ、正義のための責任を自覚することであり、公共サービスにおける贈収賄、企業の違法・不法行為、医療機関の過誤などに対して、個人が社会の腐敗を正す手段である、としている。

また同報告書では、労働組合代表も、組合にとって内部告発は重要であるとしているが、その理由を次のように書いている。

「昔から組合自体が内部告発の役割を果たしてきた。組合が意見を表明することがない国は不正が多い。組合のない、あるいは組合が活発に意見を表明しない国にあっても、個々の労働者が進んで内部告発をするようになれば、贈収賄、汚職を思いとどまらせ、公表し、正道に戻す活力ある手段を得るようになる」

内部告発はすべての組織、すべての人に関連する。どの機関も行政も知らないうちに腐敗した人を抱え、不正を行なう危険性を有している。その危険を最初に気付く人が警告を発するなら、怪我は少なくてすむ。職場での不正行為に眼をつぶるのではなく、浄化作用に協力するための内部告発であり、その人たちを法的に保護することで、この機能は有効に働く。

二　市場競争を壊す贈収賄は内部告発で防止

どこの国でも、国の責任者や公的予算を左右する議員に金品を贈与し、特別に仕事や予算を回してもらおうとする企業は存在する。贈収賄という犯罪は永遠になくなることはないかもしれない。日本でも、最近、ものつくり大学に絡む贈収賄が発覚した。人間の金銭と地位に対する欲望は限界がなく、その弱点を利用した犯罪といえよう。贈収賄や汚職が、国際的に行なわれることも珍しくない。日本ではロッキード事件が思い出される。

アメリカ・ロッキード社は、日本に対する航空機売り込みに絡んで戦後最大の汚職事件を引き起こした。この発端となったのは、一九七六年二月、アメリカ上院で同社コーチャン副社長が行なった証言である。日本の政界、財界、官界の癒着に起因する典型的な構造汚職だったが、事件が国際的であったことが特徴で、日本の現職首相、田中角栄を巻き込んだ贈収賄事件となった。田中は、ロッキード社製エアバス、トライスター航空機の売り込みと、次期主力戦闘機と対潜哨戒機の採用を推し進めた。ロッキード社は代理店丸紅と全日空を通じて、総額三〇億円を超える工作資金を用意し、多数の議員と政府高官の買収を図った。田中総理大臣は三機種の導入を約束し、その報酬として五億円を受け取った。

田中角栄に対しては、東京地裁も高裁も実刑判決をだしたが、田中は最高裁の審理中に死亡した。この事件で注目すべきは、事件の最初の一歩を踏み出したのが、アメリカ上院外交委員会多国籍企業小委員会の公聴会で証言した、ロッキード社の会計検査担当会計士フィンドレーであったことだ。つまり身内側から、工作資金の不正支払いの事実が証言されたのである。そこで二日後に副社長が具体的な資金の流れに関する証言も行ない、そのニュースを聞いて日本側が初めて事件を知ったのである。会計士フィンドレーには内部告発の意識はなかったかも知れない。しかし公聴会で宣誓をして、嘘の証言をすることが重い刑罰になるというシステムからか、組織の不正を隠すより真実を述べることが、会計士として当然であると考えたのではなかったか。こうして見ると、日本の企業監査や検査が内部だけで、それも形式的に行なわれることが根源的な問題で、チェックする人がもつ「なあなあ主義の文化」が問題を生んでいると思えてくる。

第二のロッキード事件に発展するといわれながら、時効や関係者の自殺で検察庁の追及が途中で頓挫したダグラス・グラマン事件もあった。米証券取引委員会が一九七八年一二月、ダグラス社とグラマン社の海外不正支払い報告書を公表した。日本の政府高官の助言で販売代理店が日商岩井に変更され、不正資金の一部が政府高官に流れた疑惑であった。当時の防衛庁長官松野頼三が五億円を受け取ったことを認めたが、事件は日商岩井側が外為法違反で逮捕されただけで終った。

日本国内関係者だけの贈収賄事件は、現在まで度々発覚している。しかしロッキード事件は、国の代表者の犯罪であるということで国民に与えたショックは大きかった。国際的に見ても見事な経済成長を遂げている日本で、首相が経済犯罪でも罪の重い収賄を犯していることは、衝撃的だった。正常な市場原理は正当な競争によって促進されるのであって、贈収賄はその原則を逸脱した犯罪行為である。経済先進国は、この市場原理を正常に機能さすために贈収賄との闘いが必要だと認識し始めた。その闘いのまとめ役がＯＥＣＤという国際機関である。

ＯＥＣＤは先進国が経済発展に伴う協力を推進する目的で設立された国際機構の一つであり、したがって国際的なビジネス取引における贈収賄、汚職、不正行為などとの闘いが重要な課題である。ただ、国際的な取引における贈収賄事件の収賄側に名前が挙がっているのは、一九九九年にパキスタン、イギリス、九八年は、ベルギー、九七年にヨーロッパ連合があり、どこの国にも可能性があることがうかがえる。

三　ピラミッド型ではなく水平的アプローチ

ＯＥＣＤはこのような贈収賄に対抗するためのワーキング・グループを一九九八年に設立し、二〇〇〇年に向けて、贈収賄の監視、未然防止の方法を会議で検討した。前述したように、労働組合と経営者側の専門家が「贈収賄と闘うための内部告発」のテーマで会議を開き、報告書を発表した。その中で、内部告発者の役割と保護の重要性が認識された。確認されたのは、贈収賄は犯罪であり、不正行為であること、広範囲に行なわれていること、個人の犯罪より悪いこと、システムの問題であること、などである。対策として、雇用状態を変えること、職場での自由かつオープンな討議を可能にすること、職場で個人が主体的に責任を持って行動すること、特に贈収賄や汚職の懸念があるときに、組織の傷を最小にする行動を可能にすること、であるという。そのために内部告発のメカニズムを考え、腐敗に対する闘いの手段として内部告発者保護が必要であるという結論に達した。

ＯＥＣＤでは、贈収賄対策について四分野で検討された。

①「贈収賄」（後述）

②「経済取引における反不正行為ネットワーク」部会は、前ソビエト連邦と中央ヨーロッパ、東ヨーロッパの国々で、贈収賄を減らすための政策と戦術を模索していた。同ネットワークは、

不正に関する内部告発の可能性に疑問が提出され、ホットラインの設置、独立したオンブズマン制度の創設、メディアの役割などが検討された。

③「公共サービス」部会は、内部告発の言葉の議論で始った。一九九〇年代の終わりごろまでは「内部告発」という言葉が、あまりにも刺激的で使用するのに躊躇されたという。内部告発とは、基本的には、「不正を暴露すること」とＯＥＣＤの「倫理勧告」の中で定義している。ＯＥＣＤ加盟国のうち、一三か国は内部告発者保護を法律として制定することを考慮中で、六か国は現在ある法規で対応したいと考えていることが報告された。

④「多国籍企業」部会では、贈収賄未然防止に関する倫理要綱ガイドライン検討段階で、贈収賄や環境汚染に対する内部告発の事例が出された。ガイドラインの草案の中で、管理職の不正を部下の従業員が告発するという、水平的なアプローチが正当化されたのである。つまり、ピラミッドのように上からの命令ではなく、平等な立場から、一従業員が不正を申し立てるのである。特に内部告発に関しては、水平的アプローチの普及が重要であると言われている。パート従業員も古株の社員も平等に告発する権利と義務がある。

このように内部告発の役割が認識されるようになったのは、国際機関によって提示されたガイドラインを各企業の自主規制に任せるという方法では、どの分野の業界でも有効性に信頼が持てなくなったからである。したがって草案では、法違反や企業の倫理要綱に反したことを、担当行政に報告した従業員は、懲戒や報復から保護されるべきであると明記している。

日本でも規制緩和が経済を活性化させるとして、行政の監督や規制法を激減させ、その代わりに企業の自主規制、自主検査、自主認証が取り入れられた。企業の自主規制だけでは、客観的で、厳格なチェック、監視が行なえるのか、疑問である。ＯＥＣＤでは、行政の監督の変わりに、内部の従業員にその責任を肩代わりさせるべきだという方向のようである。そのための内部告発者保護である。

四　労働組合側からの内部告発政策（ＴＵＡＣ）

①の「贈収賄」では、労働組合と経営者団体から、それぞれの意見が出された。

労働組合は、組合員の利益の増進が第一の目的であり、内部告発者の保護に積極的であるのは当然だが、ＯＥＣＤ検討委員会の報告書には、組合の役割として、国際的、あるいは国内レベルの政策提言だけでなく、企業間の取引においても、内部告発者擁護に立ち、内部告発の導き手として重要な任務を果たしてきたと書いている。その成果の参考事例として、三つを挙げている。その中にイギリスの「公益公開法」の制定があり、それ以外の二つは以下のケースである。

①航空の安全対策としてニアミスを匿名で報告

このケースは、事故の再発防止のための対策として効果的であると高く評価する人がいる。飛行機のニアミスのような事件が発生したときは、パイロットや責任者は匿名でよいから報告する義務を課すシステムである。事故が発生すれば特定の責任者を糾弾するが、それは再発防止の有効な手段ではない。誰が事故を起こしたかではなく、なぜ事故が起きたかを検証、分析し、対策を講じるのが有効である。特にイギリスの航空管制では、内部調査が行なわれ、結果は関係行政に送られる。報告書はすべて名前が伏せられて、二か月ごとに公表される。こうした手続きは、匿名であるからこそ人は、自分のことでも報告するのである。個人の責任を追及するより集団で責任を取り、ニアミスを秘密にするより、オープンにするという文化を打ち立てている。イギリスでは、航空管制を民営にするという動きがあるが、組合は、民営化が内部告発の手続きと平行に行なわれるべきであると主張している。

この匿名報告システムは、アメリカの医療現場でも導入されつつある。重大でない医療ミスの報告を匿名で行なう義務を課し、その分析によって医療過誤を少しでも防止しようというシステムである。医療事故に関する日本の市民運動団体では、この匿名報告の義務化を主張している。

②世界銀行

世界銀行は、発展途上国の経済開発を促進するために、融資を目的にした国際機関である。巨大なプロジェクトへの融資となるので、不正疑惑が多発する。一九九九年世界年鑑(共同通信社)によると、九八年七月、途上国開発プロジェクトをめぐり、日本人職員二人の横領疑惑が浮上し、基金一一万ドルを不正使用したとして、二人が解雇されたと記載している。

このように世界銀行の職員は、融資プロジェクトを扱う時、適用する倫理綱領があり、たとえば、プロジェクトで個人的に利害があれば報告することが、絶対的に要求されている。ただ、同僚などに汚職や収賄の疑惑があると知ったとき、報告する義務は書いていない。また汚職などの事件を告発した場合の保護や手続きもない。しかし、労働組合の要請によって、世界銀行のホームページにホットライン番号を掲載するようになった。また、アメリカ（世銀はワシントンＤＣに本部がある）以外からの情報提供の手段としてコレクトコール（着信払い）制度を提案し、実施された。これによって職員や一般の人が、世界銀行グループのプロジェクトに関連する詐欺や不正があれば、申し立てや告発をすることができるようになった。ホットラインの受付は、世銀の職員ではなく外部の人に委託し、厳格に秘密が保持されるように特別に訓練されている。電話をかけるときは、匿名を選択することもできる。すべてのホットラインにかかってきた内容は、世界銀行の「詐欺と不正監視委員会」に報告される。そこで調査などのアクションを取るかどうかを決定することになっている。

組合側は、今後汚職に関する検討項目としては、次のことをあげている。

＊内部告発の範囲と必要な保護
＊世界銀行や欧州連合のような国際機関によってとられている内部告発手続きの一層の充実
＊世界銀行や欧州連合のような国際機関による内部告発者保護
＊国際文化と外部からの力による影響の評価

五　従来のビジネスではもはややれないと、経営者団体

提供する商品やサービスそのものの競争によってこそ市場原理が生きてくるのであって、袖の下やリベートによる交渉がまかり通ると、現在の経済システムは死んでしまう。経営者団体が贈収賄や汚職の追放に、力を入れるのは当然のことであろう。

経営者代表などがＯＥＣＤの「商取引と産業の勧告委員会」（ＢＩＡＣ）に集まって『贈収賄と闘うための内部告発』をまとめた。その中で、経営者側もビジネスの信頼が失われ、競争が損なわれる贈収賄に対する効果的な手段として、内部告発を認め、ビジネスの利益を守るために、真の努力をしなければならないと書いている。贈収賄との闘いは、大きく言えば文化を変えることであり、そのために違法行為を探し出し、阻止するような環境を整える現実的な改革に、踏み出す必要があるとの認識を示している。企業は、政府の高官などから、金品の請求など汚職に手を染めようとする誘惑がある場合は、内部告発によって防御すべきであると強調した。内部告発に関するシステムは、効果がなければならないが、しかし一方、経営者の評判を損なうような告発を、従業員にさせないように注意すべきであると述べている。これは自らも不正や反倫理的行動をしないこと、企業内に通報するシステムを構築すること、の必要性を述べたものである。

またＯＥＣＤは贈収賄と汚職との闘いの中で、『従来のビジネスではもはややれない』というタ

イトルの報告書を出した。その中に「商取引と産業の勧告委員会」の委員長が、企業側の立場で、次のように贈収賄の実態とその対策を述べている。

「一九九七年の贈収賄協定が、闘いの成果としての第一歩を踏み出した。企業はこの協定に従うメカニズムを開発するために、手続きの見直しをし、ビジネス方法を変える必要があり、政府は法整備など多くの見直しをすべきである。

現在まで政府の高官は、賄賂としての金品を要求したことを認めるのを嫌がってきた。金品を渡し贈賄で刑事告発された企業が、裁判で被告に立ち、先に金品の要求があったから渡したのだと証言されることを恐れていた。しかし、どちらが先に言い出したのかという問題を避けると、いつも企業が不正の温床であるという誤った印象をもたれる。調査結果によると、最初に、明確に、あるいは暗黙裡に、政府高官から先に賄賂の要求があったことは明白である。

委員会は倫理のためのフォローアップ・プログラムを立ち上げた。最近の国際的討議でも、問題は要求側にあるということが適切に表明されず、賄賂を受け取る国の状況が討議されない。これではバランスが取れていない。賄賂を要求し、その結果どのような効果があったかを判定するデータが集められないのである。賄賂の要求を拒絶する代わりに、効果的、機能的に収賄を思いとどめることができるメカニズムと、賄賂をはっきり、あるいは暗黙裡に要求する側の調査を含めたフォローアップ・メカニズムが必要である。証拠としてのデータを集めることは困難であり、また企業側は秘密を守らなければならない。したがって報告を受ける組織を立ち上げる必要がある。必要なら匿名で情報を提供し、フィルターにかけて、集計する。組織は司法関係や刑事告発と関係なく、異なった体系にする。他国の競争企業へも賄賂の要求をすることもあり、国際的レベルでの協力が必要である。贈収賄の形は様々で、一様ではない。多くの企業は贈収賄と闘っており、公正な国際取引に国際協力が求められている」

以上が、経営者側が出した報告書の概要である。企業側としても賄賂の要求があれば、汚職に手を染めざるを得ないという弱みがあり、組織内からの情報受付のシステムを設置すること以外には、有効な手段は見当たらないのかもしれない。経営者団体の代表としては、会議の中では内部告発の有効性を発言しても、この報告書には『内部告発』という言葉は一度も使用することなく、通報を受け付けるシステムの構築を提案しているところが、労働組合側の立場との違いかもしれない。

六　内部告発文化を育てる

欧米の資料を読んでいると、「カルチャー」という言葉がよく出てくる。「沈黙と惰性のカルチャー」「透明性と説明責任のカルチャー」などであるが、内部告発の奨励には、アメリカやヨーロッパでも、文化の変革が必要であると考えられていることがわかる。人間の根底には、現状維持、波風は立てたくないという保守的な性向があり、公の利益のために自分を危険にさらしたくない本能があるという洞察ではなかろうか。すべての市民が「私がやらなくても」という惰性に身を任せるなら、内部告発はありえないし、正義も倫理も存在しない社会になる。正義、公正、純粋、高潔、倫理、道徳などの言葉が多用される資料に接すると、日本語で内部告発についての正しいニュアンスを伝えることがむずかしく、戸惑うことがしばしばである。なぜか日常生活に定着していない言葉のように浮き上がってしまう。しかし内部告発は、人間の狭量な怨念や嫉妬、欲望を乗り越えたものとして、高潔な精神の発露としての行動でなければならないのである。このような文化を育てるべきであるという意図が欧米の各報告書には散見される。

ＯＥＣＤの報告書は、内部告発文化を育てること、そのねらい、重要な要素について、次のように書いている。

「内部告発の重要性を職場で認識してもらい、さらにそれを広めることが大切である。その目的は、不正や汚職についての疑惑を、職場の中から浮かび上がらせ、発言することが、組織の長期的展望にはよいことだという認識を高めることである。内部告発の文化が定着していなければ、悪意や単なる不平を持つ人が内部告発者になって組織に損害を与える、という偏見を多くの人が持つ。したがって内部告発文化は、大多数のもの言わぬ人たちが、深刻な不正や汚職行為について、内部告発するのは組織や自分の利益にならないとする考えから、脱することを勧めるものである。

市場原理では、多くの消費者、時には四分の一の消費者が商品や企業ブランドを変えようと考え始めたときに、消費者パワーが機能し始めると言われる。その論でいくと、内部告発も、四分の一の人々がその真の意義を認識するなら、その社会では内部告発文化が育つといえるのかもしれない。いままで黙認していた人々が、効果的な内部告発が受入れられるのを知り、行動を起こし、それが多くの人に勇気を与えるならば、組織や社会の不正を思いとどまらせることができる。

逆に、真に忠誠心で行なった内部告発者を非難やいじめで報いるという文化は、不正を行なう組織や個人をはびこらせるだけである。告発の効果がないと知ると、不正行為者や贈収賄の当事者は、発覚することも罰を受けることもないと確信する。社会の文化が、大多数の人々の行為に影響を及ぼすのである。犯罪の強力な抑止力になるのは、逮捕される恐怖や恥の気持である。秘密や沈黙の文化が生きている社会は、責任を負う重要なポストについている人々にさえ非行を行なわせる。同様に、有名で責任ある組織にすら、贈収賄や汚職に手を染めなければ、競争に勝てないと感じさせるかもしれない。

内部告発文化は不正や贈収賄には断じて手を染めないという、強力で明確なトップのシグナルがなければ成功しない。このような文化には、不正に関する内部告発者に報復することはないという確証を与える。たとえ内部告発の内容が間違っていても、純粋な動機であれば報復はないという安心感を与えるべきである。そのような文化が育まれた職場では、公正なアドバイスを探し、適切な人とともに、内部に向かって警告を発する。その場合、たとえ告発の内容が間違っていても、個人や組織には損害を与えることはない。沈黙よりも建設的で効果的に機能することになる」

ＯＥＣＤの調査では、最近内部告発者保護法によって不正疑惑についての内部告発を受けた管理職は、適切な対処をしているという事例がでてきているという。内部に安心して通告できるシステムや文化があれば、内部告発者は内部で申し立てをする。ただ、ある銀行の調査では、新しい多国籍企業倫理について、職員は保護されているという安心感は持てないと多くが回答しているという。銀行は新しい内部告発メカニズムを発表したが、職員は懸念があれば、そのままにしておくより行政に申し立てをしたいと言っていることも判明した。したがって、重要なことは、管理職が告発ケースを適切に取り扱うことを保証することである。

行政も個別に企業ごとの体質について情報を収集し、告発者に適切に対応する組織と、対策の遅れた組織をすばやく区別するので、その後の調査にも影響が及んでくる。内部告発文化をもった組織は、また組織の倫理綱領を作成し、それを守っているということを一般の人に知らせるデモンストレーションにもなる。

七　ＥＵ職員の内部告発の権利と義務

ＥＵ委員会は、公的機関として組織の改革に取り組んでいるが、二〇〇〇年一月に出された報告書『ＥＵ委員会の改革』の「透明性の権利と義務」の項に、内部告発に関する記述がある。それによると、ＥＵ内で勤務する職員には、過去には懲罰にかけられるような人はほとんどいなかったとしながらも、違法や不正行為の防止策を検討しているという。報告書はまた、ＥＵ委員会は職員が不正の疑惑や懸念を通報する効果的なシステムを構築すべきであり、違法行為を通報する職員の権利と義務を明確にして、〝内部告発者〟と被告発者に公平な扱いをする職場のシステムを創設するように勧告している。さらに法的保護や行政的な通報システムが設置されない場合は、提出された証拠が適切でなくても、不当に扱ってはいけないとも指摘している。

一九九九年から違法行為を報告するための道筋を明らかにしなければならないことになっている。そのためには、内部告発のルールの新しいマニュアルが必要である。特に内部の担当部署を通して違法行為を通報したり、あるいは外部へ通報するときのルールを定義し、職員の公的な権利と義務を、正確に確立しなければならなくなっている。このために加盟国は、職員が内部告発保護のルールによって創設されたプロセスを通して、報告できるようにする。また根拠のない、ばかげた申し立てに対するセーフガードを作っておくことなどを勧めている。

八　ＯＥＣＤの活動を監視する世界組織

ヨーロッパは西暦前から市民階級があり、市民が社会的活動を担う歴史は、一〇〇年や二〇〇年の単位ではない。しかし近年またその市民パワーが強くなり、ますます重要になってきている。市民社会の興隆である。これはヨーロッパだけでなく世界的な現象として捉えられる。ＮＰＯはその代表である。日本も例外ではないが、国際的な活動になると、極端に弱くなるのが悲しい。

韓国の腐敗防止法の章で紹介したＴＩ（Transparency International）という世界的な団体は、ＯＥＣＤの活動や、各国の不正行為の監視を行なっている。

ＴＩは非営利団体で、国際的、国内的な腐敗、贈収賄などを抑止するために貢献している国際的な組織である。一九九三年の設立。本部はドイツのベルリンにあり、全世界七〇か国に支部がある。支部といっても、財政的にも運動の優先度選択においても、独立して活動をしている。その中でも、ＯＥＣＤのメンバー国の支部では、贈収賄問題を最優先に取り上げている。これは不正と闘うためのシステムを構築するためであって、贈収賄に関わった個人を攻撃し、名前を公表するのが目的ではないとしている。国、企業市民社会を含めたすべての関係者を巻き込んで、腐敗と闘う。この目的を達成するために、手段として内部告発者保護を呼びかけている。

ＴＩが唱えているのは、まず国際的なフレームワークを創設すること。腐敗は度々国内レベルを越えるからである。たとえば前述したように、田中角栄元総理がアメリカのロッキード社から航空機を購入するとき、ピーナッツと称して多額の金銭を受け取った。このため収賄罪で起訴され、辞任に追い込まれた。まさしく国境を越えた犯罪であった。ＴＩは問題を認識し始めている多くの国際組織と共に行動し、汚職に対する国際的な問題摘発を、実効あるものにする触媒の役割を果たしている。主な仕事は、ＯＥＣＤの反贈収賄会議の実行を監視することである。

このユニークで、国際的な仕事を通して重要な役割を果たすために、国籍、性別を問わず、すべての年齢の人に参加を呼びかけている。二〇〇一年一二月に支部の代表などが来日し、日本にも支部設立を呼びかける大会があった。世界中に日本商品を売っている割に、人的活躍が乏しい。

ＴＩは次のように、腐敗に立ち向かう方法として、不正と闘う努力をする組織に参加し、市民社会の力をつよめることを勧めている。

＊まず多くの人と議論をすること。一般の人は汚職事件について議論するのは悪いと感じている。もちろんタブーであるはずはない。腐敗や不正についての苦情や愚痴ではなく、どのようにすればよいかを議論することである。説明責任と公開性を高めるためにどのようなシステムを構築すればよいのか話し合うという、小さな事から始め、大きな運動に成長させる。

また公的な情報を入手し、関係ある人や団体に提供する。公的な情報にアクセスする運動を広げる。小さな開発計画の情報、小さな村レベルの情報でも重要であれば、適切な人に提供する。

＊内部告発をすることも勧めている。個人ができる最も効果的なことは、腐敗や不正が行なわれていることを知った人が、疑惑を申し出ることである。もし不正行為者が上司であれば、非常に困難である。部下が見たことは、全体を物語るとは限らないが、一部分でも純粋な動機であれば、内部告発をしても問題になることは少ない。

＊疑惑を申し立てることができる信頼関係がなければ、決して事態はよくならない。組織内で

友人とともに、現在ある苦情処理機関や内部告発システムが機能しているか、改良の余地があるか、などの議論からはじめる。さらにこれから内部告発をしようとしている人にアドバイスをしているNGOとして、イギリスの「職場における公益」団体を紹介している。

＊倫理サークルを創設する。腐敗、贈収賄などの事件があり、評判の悪い行政や企業に勤務しているなら、小さな「倫理サークル」を結成し、「不正には巻き込まれないし、懸念を抱く人をサポートする会」として、「不正と無縁な領域」を宣言することを勧めている。

＊贈収賄の誘いがありそうな部署を除去する。公的機関でも贈収賄に利用されそうなシステムがあれば、早期に除去するように大臣、国会議員、ジャーナリストに手紙を書く。

ＴＩによると、汚職に対抗する市民社会が台頭してきたという。一九七〇年代は北アメリカやヨーロッパ、八〇年代はラテンアメリカや東ヨーロッパ、九〇年代はアフリカや一部アジアに市民社会が復活し、大きな流れを作った。この順序でいくと、日本も九〇年代から、汚職に対抗する市民社会ができていることになるが、果たしてそうだろうか。いずれにしても、市民組織が世界的に、草の根のようにしっかり定着し、増殖し、民主主義、人権、市民権を強化し、国家の政策面に影響を及ぼしてきている。そこでＴＩは、これからも市民組織が腐敗防止の国際的努力に何ができるかを、捜し求めていくという。

九　日本の汚職度の評価は一九か国の中で一四番目

ＴＩは、九五年から毎年汚職認識指数を発表している。国民がビジネスを行なう時に賄賂を要求された場合、その要求をどのように感じるかの意識を調査し、各国ごとにランク付けをしている。これは最近最も人気が出てきた情報の一つになっていて、企業と行政の人々にも注意深く読まれている。時々国や行政のトップが中傷的な情報であるとして、うろたえることもあるが、ほとんどの政府はこの情報を真面目に捉え、問題によく対処しようとしている。調査は、①ビジネスマン対象、②政策の分析をしている独立研究、の二種のアンケートによって評価をしている。参考資料としてギャロップ調査やウォールストリート・ジャーナル紙なども利用している。

二〇〇〇年汚職認識調査結果は、九〇か国のランクで、ベスト五が、デンマーク、フィンランド、ニュージーランド、スウェーデン、カナダとなっている。ワーストの方は、カメルーン、ナイジェリア、インドネシア、アゼルバイジャン、ウズベキスタン。日本は二二番目である。上位四分の一以上に入っているが、工業先進国の中ではびり。アジアでもシンガポール、香港に劣り、チリ、スペインより低い。

「贈収賄は多くの国がかかる全世界の癌」と、ＴＩの責任者は語る。「この指標は多くの国で、普通に贈収賄が行なわれていることを示している。オリンピック・ゲームですらである。贈収賄のスキャンダルがすべて公表されているのではないことを忘れてはいけない」ともコメントしている。

一九の輸出国の賄賂に関する指標も発表している。この方の調査は、アジア・太平洋、ラテンアメリカ、ヨーロッパ、アフリカの一四か国の主要輸入国へ賄賂を支払っていると認識されている国の指標である。ギャロップ国際協会に依頼して行なわれたものだ。一四か国、七七〇人の回答者（大企業、会計士会、銀行、弁護士会）から、経験によるデータを基本にしている。

調査の結果、ベスト国は、スウェーデン、オーストラリア、カナダ、オーストリア、スイス。次にオランダ、イギリス、ベルギー、ドイツ、アメリカ、シンガポール、スペイン、フランスときて、一四番目に日本。以下がマレーシア、イタリア、韓国、台湾、中国となっている。中国、韓国、台湾、イタリア、マレーシアは前年度も下位にあった。

国会議員などの贈収賄、汚職のニュースはもう慣れっこになっている国民としては、日本が清潔度の高い国々の中にランクされないのは当然としても、やはり不名誉である。それだけ市民社会が成熟していないという証であり、経済大国であっても監視役の市民組織のパワーが不足していることを世界に証明しているといえる。

ＴＩは、世界で贈収賄と闘った個人や団体を報奨している。二〇〇〇年は四人いたが、その中で内部告発者としてその栄誉に浴した軍人の例を紹介する。

＊ムスタハ・アディブ

ムスタハ・アディブはモロッコの宮廷軍隊のキャプテンだったが、基地に割り当てられた燃料を違法に販売しようと、上官から誘われたが、拒否をした。そしてこのような軍隊の腐敗を、軍の司令官に直接報告をした。誘った上官は裁判にかけられ、有罪となり、除隊させられた。ムスタハは無実という判決だった。

しかし裁判後、彼は基地から基地へと異動させられた。組織の中でのけ者にされ、根拠なく懲罰にかけられた。彼は民事裁判で軍隊のやり方を訴えた。モロッコの軍隊にとっては予想外の動きであった。彼は軍によって課せられた懲罰に対して、無効を要求したのである。結果は何の改善もなく、次は除隊を申し出たが無視された。とうとう彼は軍隊の腐敗を国際的なメディアに通報し、フランスのル・モンド紙の記事になった。しかしすぐに逮捕された。

五年の刑期が言い渡されたが、国際人権団体に訴えた。モロッコの最高裁は軍法会議に差し戻し、二年半の刑期になって、現在服役中である。

ＴＩは、あえて軍隊の中から告発をし、軍の規律を犯したとして、刑期を言い渡されたアディブの勇気と高潔さに賞を送った。

第九章　内部告発者世界大会からの報告

一　科学者や技術者の倫理に向けた世界大会

現代ほど科学や技術が社会を大きく動かす時代はかつてなかった。経済から精神文化まで、すべてが科学や技術に影響される。特に情報通信技術の革新は、〝インターネット革命〟の言葉に象徴されるように、経済だけでなく日々の生活まで大きく変えつつある。またグローバル化を加速させ、遠隔地に住む異国人とも、言語の障壁さえなければ、〝ハーイ〟の挨拶だけで、メールのやり取りができる。こうした科学や技術の発達に対し、人間の営みをどの方向へ向けていくのかの理念や展望なくしては、大きな過ちを侵す恐れがある。科学者や技術者の任務は重い。

このことに気付いた科学者や技術者たちが、倫理的自覚と責任ある思考や行動を推し進めることを目的に、二〇〇〇年六月一四日から一八日まで、国際大会を開催した。大会は「二一世紀における科学と技術に対するチャレンジ」と名づけられた。場所はストックホルム、主催は、NPO「科学者と技術者のグローバルな責任についての国際ネットワーク」であった。協賛団体には、ロイヤル・スウェーデン科学アカデミー、ストックホルム技術ロイヤル研究所等の名前が挙がっている。さらに支援団体としては、ヨーロッパ医師会などがある。ヨーロッパの一流の専門家集団がサポートした会議であったことをうかがわせる。参加者は当然技術者、科学者であり、学生や一般の「持続可能な経済発展」に関心のある人たちだった。

テーマは四つの分野に分かれ、①科学と技術文化の発展、②限りある世界の科学と技術、③グローバルな環境の中での人間尊重の経済、④広範囲な安全と継続する平和に向けての前進、であった。この会議が開催された理由を、報告書は次のように書いている。

「持続する平和と未来のために、多くの人が必要としている方向への転換と、同時に科学と技術の役割に光を当てて議論する、ユニークな機会を二〇〇〇年に提供できた」。さらに続いて「四〇〇年前に動き出した近代の科学プロジェクトは、よきにつけあしきにつけ、原動力をテクノロジーに頼った世界を作り上げた。科学・技術の未来の課題や方向こそが、この会議の中心テーマである。特にあらゆる分野における専門家の倫理的問題に注意を払うものである」

この倫理的行為の検討の中で、中心的に討議されたのは、科学者と技術者による内部告発の重要性であった。

この世界組織は一九九一年、NGOとして設立された。設立には一七〇〇人の参加があり、第一回はベルリンで会議がもたれた。八〇団体以上、五〇か国が個人メンバーとして加入している大きな組織である。

特に内部告発に関するテーマを取り上げた分科会は、タイトルを「公共の責任に対する個人の文化に向けて」とした。この分科会の責任団体は、「内部告発者保護団体の国際ネットワーク」であった。公益のための内部告発者保護と推進を目的に、国際ネットワークによる協力体制を作り、①重要な問題情報の交換、②内部告発者ケースの情報交換、③一般的なアイディアの交換、④関連する会議、集会、行事の情報交換、など行なうことにしている。インターネットのホームページも作成している。参加団体はアルゼンチン、ドイツ、ロシア、スウェーデン、イギリス、アメリカからであった。

ワークショップでは、「倫理的行為に関心を持つ、責任ある内部告発者は、重要な役割を果たす。したがって来るべき世代の自然や命を脅かす開発について、警告を発する内部告発者の勇気を保護する必要がある。この勇気ある人のために、リスクを軽減する条件整備が必要である。かれらの行為を法的に援護するのが、我々の仕事である」と主張している。

二　科学者、技術者も頑張った

「公共の責任に対する個人の文化に向けて」の分科会では、内部告発者が政府や企業、その他の組織に、少数者として挑み、迫害、差別、報復を受けた体験が報告された。

＊事例1　アーパッド・プッツアイ(イギリス)

アーパッド・プッツアイは、スコットランドにあるエジンバラ研究所で、生物生理学の教授として、遺伝子組換えじゃがいもの栄養と新陳代謝効果のテストをしていた。教授は、食品業界が主張する安全性について疑問を投げかけた。成長や組織の増殖を阻害されたじゃがいもは、動物の免疫システムに影響を与えるという結論だった。それをニュースメディアに公表した。論争が巻き起こり、行政はテストが正確ではないと攻撃し、食品業界は教授の信用を損なう発言を流した。教授はやむなく職場を去ることになった。妻も同じ研究所に勤務していたが、職場で冷たい扱いを受けた。ところが一般消費者の反応は違った。ほとんどの販売店は消費者から圧力を受け、遺伝子組換え食品を置かないと宣言した。

しかし、アメリカでは、テストをすることもなく、また警告表示をすることもなく、同じ商品を市場に出している、と教授は言う。加工食品に遺伝子組換え食品を使用しても追求は容易ではない。教授のレポートによって、遺伝子組換え食品は業界にとって魅力を失い、消費者からの支持も失った。教授は「産業界や政治的権威者によって、でたらめな方法で検査されたことが明白である。科学者は人類の未来や社会に重要な責任を負っていることを、この会議は思い出させてくれるだろう」と締めくくった。

＊事例2　アレキサンドル・ニキチン（ロシア）

アレキサンドル・ニキチンはロシア軍の前陸軍大佐で、セントペテルブルグ駐屯の原子力潜水艦のチーフ技術者であった。ニキチンは、ロシア連邦の重要な核の軍事基地、ムルマンスクの海軍基地にある核物質と核の安全性についての監視役として働いていた。ロシアでは老朽化した原子力潜水艦や戦艦が、港に目的もなく放置され、さらに大量の使用済み、あるいは未使用の燃料、放射性物質のごみが、管理されずに倉庫や保管庫に貯蔵されていた。

一九九四年退職し、彼はNGOのノルウェーの財団で働き始めた。特に北海の放射能汚染を、ロシアの各施設で監視するのが役目だった。ニキチンは、一九九六年に共同執筆で、ロシアの核潜水艦の安全性問題を扱う財団の報告書に、ロシア海軍の艦隊が貧弱な設備によって海を汚染し続けていると指摘した。この報告書が出てまもなく、ニキチンは反逆罪とスパイ罪でロシア側に逮捕された。もし有罪になれば、死刑もしくは一〇年から一五年の刑期の可能性があった。彼は技術者として訓練されたが、純粋な軍人ではなかった。

報告書はロシアの北極圏にある一一地域において、固形放射性廃棄物が放置され、核のごみは野ざらしで、何の防護処置も施されていないと警告していた。液状の放射物用タンクも不足し、最悪の状態であった。使用済み核燃料は船で輸送されたが、いかなる安全基準にも適合していなかったと指摘した。

ただこの報告書の内容は、ロシアのプレスによって、国際的に公開された情報を収集したもので、秘密情報ではなかった。

軍の幹部はコメントまで付している。しかしエリチン政権下の環境委員会委員長によると、「ロシアの法律では、環境に関連した情報の公開は禁止されている。この観点から、放射線汚染についての公表は軍の機密であり、彼の行為はスパイ行為である」という。

ニキチンは逮捕から四年間拘束された。逮捕後二か月間は、弁護士との接見も許可されなかった。彼が尋問を受けている間、尋問者が彼を「卑劣なやつ、スパイ」となじっていたと、妻は述べている。隊長は「殺してやる」とか「生きて娑婆へ出られないぞ」などと言って脅かしたが、これはロシアが相変わらず共産主義時代のやり方を続けていた証拠である。

二か月半の間、妻は彼と連絡が取れなかった。その後はロシア連邦法に従って、彼女が一か月に二回定期的に会った。一九九六年三月憲法裁判所は、ニキチンを弁護士に会わせないのは憲法違反であると判決し、その後始めて弁護士に会うことができた。弁護士はニキチンがロシア艦隊の核汚染の危険性について報告書に書いたので、逮捕されたと公表した。

ニキチンは一〇か月間刑務所に入った。そしてセントペテルブルグを三年半の間離れることを禁止されて釈放された。二〇〇〇年四月一七日、最終的にロシア最高裁判所で無罪を勝ち取るまで、彼はおびただしい刑事裁判の控訴を繰り返した。最終的に最高裁判所はセントペテルブルグ市の裁判所や検察当局の主張は、受入れ難いと判断したのである。

ニキチンはストックホルムの会議では、経験を中心に話をし、最終的に成功したのは、よい弁護士、組織された政治的運動、メディアと公益団体の援助という、統制のとれた大衆運動の結果であったと述べた。ニキチンには、サンフランシスコにあるゴールドマン報奨金をはじめ、多額の報奨金が与えられた。彼が勤めている財団では、ロシアの多くの科学者や技術者が、ロシア最高裁判所の決定は、ニキチンひとりの勝利ではなく、核汚染摘発には寛大であることを知ったので、これから彼に続く人が出現することを期待している、と述べている。

＊事例3　ギレルモ・イグイアズ（アルゼンチン）

ギレルモ・イグイアズは環境毒物学者である。食品の安全性について、農業が及ぼす影響を研究している。さらに農薬が環境に悪影響を及ぼし、穀物の生育を阻害する酵素を発見した。特に彼と同僚は、他国では禁止されているがこの地域で使用されている、発がん性の恐れがあるアフラトキシンを検査した。この報告書は、行政官と専門家によって検証された。二人は共同でバイオと環境毒性の研究所を設立し、大学では技術の長期的危険性についての講座を開設した。しかし彼は、様々な圧力と嫌がらせを受けるようになった。基金は削減され、個人的にも物質的にもダメージを受けた。研究所は解散の危機にさらされている。二人はアルゼンチンでの努力に、国際的なサポートが少ないことに落胆していると述べて、報告を終わった。

＊事例4　ステフェン・H・アンガー（アメリカ）

ステフェン・H・アンガーはアメリカで、ＩＥＥＥ（電気・電子技術協会）を設立した。この団体は、電子、情報技術、科学の分野で、技術革新を押しすすめる過程で、創造性、開発、倫理、分配、知識の共有などの推進を目的にした世界的な組織である。倫理ホットラインなどを設置し、相談にのっていたが、彼らを取り巻く障壁がまだ高く、現在はホットラインを中止し、他団体に委ねている。しかしアンガーは、専門家同士が支援し合う必要性を強調している。受付はインターネット・メールで行ない、三日以内に委員会でメッセージを検討し、アドバイス、情報の提供を行なっている。希望によっては匿名でもよい。

国際会議では、これらの事例報告の他に、ホットライン、経済的サポート、法的アドバイス、最低の倫理綱領の基準、公共の利益を優先した行為に対する報奨について議論された。

科学者や技術者が倫理的行為を強く推し進めようとすると、孤立する場合が多い。しかし専門家たちの内部告発を支援しようとする組織も生まれてきている。公益のための優れた行為に対して、奨励金の支給、経済的援助、ホットラインの設置、法的アドバイスなどを行なっているという報告もある。

「政府の説明責任を求める会」（GAP）は、次の四つの分野において、国際的な活動を支援している。アメリカのこの団体は、内部告発保護法がどこの国にも制定されるように運動をしているが、〝パクス・アメリカーナ（アメリカの力による平和）〟の一例をみるようである。内部告発が善であり、世界中に普遍化することが使命であることを確信しているようだ。確かにアメリカ発の人権運動は弱い立場の人たちに光をもたらしたが、このパワーは一体どこから出てくるのだろうか。内部告発者保護もアメリカの運動団体の働きがなければ、これほどの広がりを見せることはなかった。内部以下は具体例である。

①他国の内部告発者保護法の導入をサポート

専門分野における職業的な言論の自由権の確立に向けて、国際的に内部告発者保護法の情報を提供する。アルゼンチン、オーストラリア、カナダ、イギリス、韓国、ロシア、スロバキアの行政や団体と情報の交換を行なっている。現在、法律の制定を検討中のところがある。

②多国籍企業や国際組織においての内部告発者保護のサポート

国際的組織、たとえば国連、北米自由貿易協定、WTO(世界貿易機構)、反贈収賄アメリカ大陸協定、アメリカ州組織などと、内部告発者保護法のためのモデル用語を検討し、保護法の制定を推し進めている。

③ロシア問題

ロシアのNGOと連携しながら、核施設、食品の安全性、環境問題などの監視をしている。

④特別なプログラムの戦略的ネットの構築

オーストラリアの食肉検査問題で、同国の検査員組合と連携を取って調査をしている。

第一〇章　日本人の「内部告発」についての意識

一　内部告発は、日本人に受け入れられるか

日本人は内部告発についてどのような「感じ」を持っているのだろうか。「意見」ではなく、率直な感想を知りたいと、私は考えていた。長年アメリカやイギリスの消費者雑誌やジャーナリスト用の報告書を読んでいる中で、数年前からよくテーマに取り上げられていた内部告発問題について、日本でどのようなリアクションがあるか、私にはまったく想像もできなかった。しかし近年、行政の汚職、企業の不祥事、医療機関の医療過誤が目に余るようになって、報道機関も内部告発によって事件が発覚したことを報じるようになってきた。そろそろ日本も内部告発を話題にする時期にきたのではないか、と感じたのである。

ただし「内部告発」という言葉のもつ後ろめたさから、日本人に肯定的に受け入れられるだろうかという疑問は残っていた。その一方で私は、先進国で内部告発の有効性が認識され、組織の不正の未然防止策として法整備が進められようとしているときに、この問題の本質を理解せずに、日本社会のグローバル化はありえないという確信もあった。

若い世代は、中高年世代とはまた違った感覚を持っているのだろうか。三菱自動車、外務省公金流用事件、狂牛病の肉骨粉混入事件など、多くなった内部告発に関するニュースを読むうちに、中年層と高齢者との年代による受け止め方の違いを感じ取った。高齢者には、まだ内部告発に対

する暗いイメージを残しているはずだ。実際に職場でフルタイムとして働き、生活権を組織に預けている人と、内部告発の圏外に置かれた主婦、またパートタイム従業員などの意識には当然差があるだろう。そこで、日本人の内部告発に関する意識を知るために、小規模ながらアンケート調査を実施することにした。

この調査は、関東を中心に大阪や富山県を含めて、社団法人日本消費生活アドバイザー・コンサルタント協会の消費生活研究所研究員による、留め置き法と一部郵送による返送によって実施した。期間は二〇〇〇年一一月八日から三〇日まで、一八歳以上の男女を対象とした。調査配布数五五〇。回収数四二〇。有効回答数は三八一。有効回収率六九・三%。

別に学生対象のアンケートも実施した。富士短期大学経営学部、国学院大学経済学部、文教大学国際学部で実施。学生数は総計七一名。授業中に実施したので、回収率、有効回答数ともに一〇〇%。

社会人対象のアンケートでは、回答者の就業タイプは次の通りであった。

フルタイム就業者（三五・二%）パートタイム就業者（二二・三%）専業主婦（一九・二%）退職者（一・五%）その他（三・四%）

一〇代〜二〇代（三・七%）三〇代（一二・三%）四〇代（二三・六%）五〇代（二九・一%）六〇代（二二・〇%）七〇代以上（五・八%）不明（三・四%）

性別は、男性（三二・三%）　女性（六四・三%）

アンケートは、費用の関係で無作為抽出という通常の手続きで行なえなかったという減点はあるが、社会人では、なるべく仕事をもつ男性にお願いした。内部告発は、職場における公益をめぐるものであり、組織の中からの告発であるからである。

時期的には、ちょうど雪印乳業の食中毒事件、三菱自動車のクレーム隠し事件、その他ジェットバスによる死亡事件などが、新聞紙上に毎日のように取り上げられ、消費者の企業不信、行政への不満、医療過誤への不安などが蔓延していた時だ。市民や消費者の怒りは運動として表面化はしなかったが、不正や隠蔽に対して、何か消費者側でなすべきことがあるのではないかという焦り、あるいは逆に無力感があったことは事実である。この雰囲気が、アンケート調査にも反映されていないとは考えにくい。しかしこのような組織犯罪や、不祥事の発生が重なるにつれて、消費者や市民に、個人としての責務や自覚が芽生えてくるのではなかろうか。

二　数字では大多数が好意的

アンケートは、五問の質問に答えてもらい、それを集計した。括弧内の数字は、社会人調査の回答割合である。

問１　あなたは内部告発についてどのように感じますか。（回答は一つ）

１　内部の不正や違法を告発するのは裏切りであり、よくない　（二・一％）

2　公益のためであればよい　（四五・一％）
3　一度内部で警告をして、それで改善されなければ告発してもよい　（三八・一％）
4　個人的な恨みであっても、方法がなければ仕方がない　（一・三％）
5　告発しなければいけないとは思うが、自分の身を守りたい　（四・七％）
6　その他　（三・七％）

問2　内部告発者に報奨金を出したり、保護・保障したりしている国がありますが、それについてどう感じますか。
1　社会正義のためなら、よい　（四八・〇％）
2　公益といっても、裏切りを奨励するので、社会がギスギスしよくない　（二八・一％）
3　わからない・無回答　（一三・九％）

問3　組織内で不正や違法行為が行なわれていることを知ったとき、あなたなら上司に通報しますか。
はい　（七九・〇％）
いいえ　（一五・五％）
わからない・無回答　（五・五％）

問3・A 「はい」とお答えになった方におたずねします。もし上司が通報を無視した場合、告発しますか。

1 新聞社や行政などに告発する（一三・六％）
2 仕方がないので、そのままにする（一〇・六％）
3 重大なケースなら告発する（七五・一％）
4 わからない・無回答（二・七％）

問3・B 「いいえ」とお答えになった方におたずねします。それはなぜですか（三つまで選択）

1 改善・改良をするとは信じられない（四二・四％）
2 上司や同僚からの仕返しや報復が怖い（二七・一％）
3 自分が通報したことがわかってしまう（八・五％）
4 告発者として知られたくない（二三・七％）
5 私の知ったことではない（六・八％）
6 誰も企業倫理や正義について関心がない（一〇・二％）
7 なぜ私がしなければならないか（一三・六％）
8 誰に通報していいかわからない（二二・〇％）
9 組織のために黙っている方がよい（五・一％）

10　自分の立場を守りたい（二五・四％）
11　その他・わからない・無回答（一五・四％）

この調査では、「内部告発は裏切りだ」「自分の身を守りたい」というマイナス・イメージを持つ人の割合が、七・一％とごく少数であるのに驚愕した。

「公益のためなら」「改善がなければ」告発を肯定するグループの特徴は、女性が八九％と高い。年代別では、三〇歳代が、九一・四％で最も高く、就業別では、パートが九二・九％となった。三〇代女性のパート就業者に肯定的な人が多いと考えられる。

内部告発者の保護と報奨制度については、「正義のためならよい」が全体で四八％、「裏切りを奨励するのでよくない」が、二八・一％であったが、内部告発に対する見方は肯定的でも、保護や報奨金までは、という躊躇がうかがわれる。特に報奨金については、否定的な意見が少なくない。ただ、アンケート実施時期以後社会的情況は激変し意識も変わっている。だから「保護」と「報奨金」を分けて質問すべきだった。

「報奨はよくない」の特徴は、男性が四〇・七％と女性の約二倍。五〇代が三六・〇％と高く、フルタイムが三四・三％でトップであった。したがって五〇代の男性で、フルタイム就業者に否定論が多い。当然中間管理職であり、組織では微妙な立場にある世代である。内部告発者の奨励には、手放しで賛同できないのは理解ができるが、それでも全体として「正義のためならよい」とする方がはるかに多いというのは、日本人の内部告発に対する肯定的な意識を現しているように思える。

「不正を上司に報告する」のは、全体でも七九％と高いが、特に男性の八六・二％、四〇代の八五・六％、フルタイムの八六・六％が最も高い。四〇代の男性、フルタイム就業者が、上司には報告すると答えている。働き盛りで正義感を行動に移すエネルギーをまだもっているとみるべきなのだろう。

「上司が無視した場合」の次の行動については、全体でも「重大なケースなら告発する」というのが、七五・一％と高いが、「仕方がないのでそのままにする」のは、回答数の対象が少ないが一〇代から二〇代が、約三人に一人で飛びぬけて高い。若者の無気力、無関心を現してるようで残念である。

「不正を上司に報告しない」と回答した中で、その理由を聞くと、「改善・改良するとは思えない」が四二・四％、「上司・同僚の報復が怖い」が二七・一％、「自分の立場を守りたい」が二五・四％の順になっている。この質問で判明したことは、「組織のために黙っている方がよい」が最も少なく、内部告発は決して組織にマイナスにならないという長期的な展望で考えられているということである。ただ「改善・改良するとは思えない」が、五〇代、六〇代、七〇代以上の半数以上を占めていた。アメリカの資料によると、内部告発の効果を高めるためには、まず告発されたことに対する何らかの改善や改良がなされることであり、従業員にとって、苦労して告発しても効果がないと思われることが最も悪い。さらに「報復が怖い」は、男性より女性に高く、三〇代で四四・四％となっている。パートがフルタイム就業者より高くなっている。パート女性の地位の脆弱さを抽象しているようで切ない。

三　学生はやや保守的

大学生と社会人対象を比較してみると、比較的学生の方が保守的であり、内部告発に消極的であるという結果になった。学生はアルバイト以外の就業経験がないか、少ないので、現実の問題として内部告発に直面するような経験もなく、質問に戸惑った学生もいた。しかし全体に内部告発を肯定する比率は社会人より低い。「自分の身を守りたい」の割合が、社会人の三倍以上と高い。「不正を上司に報告するか」の質問に対して「する」が、社会人の七九％に対して、学生は六六％であった。上司に報告しない理由には、「改善・改良するとは信じられない」が、社会人の四二％に対して、学生は九％。「私の知ったことではない」が社会人の七％に対して、学生は一四％となっている。

これから就職しようとする学生に、企業などの組織に対してクールな態度を取れと言うことは酷ではあるが、もっと若者らしく正義に燃えて理想主義的な回答が返ってくると考えていた。逆に内部告発のような社会的行動にも、クールで、無関心である結果かもしれない。このようにアンケートで見る限り、厳しい就職時代を迎えて、学生の方が社会人より臆病で、保守的であった。

四　アメリカ人より正義心が強いか

このアンケートは、日米の意識比較ができるように、アメリカで行なわれたアンケート調査と一部の質問項目を揃えた。

アメリカの調査は、少々古いが、倫理資料センターが一九九四年に実施している。プライベート機関（企業や私立病院など）に勤務する四〇〇〇人に、内部告発に関して質問をしている。日米を比較すると、「組織内の不正を知った時に通報しない理由」には「改善・改良するとは思えない」が、日本では四二％、アメリカでは五九％、「報復が怖い」には、日本が二七％、アメリカが四一％となっている。アメリカ人の報復が怖いという回答が高いのは、全体に告発の数が多いなかで、現実に多くの告発者がいじめにあい、職場を追われたケースを知っているからだとも考えられる。日本では告発自体が少ないため、告発者が報復にあった例はあるが、裁判になった例は、筆者の知る限り一件である。

「どこへ通報してよいかわからない」には、アメリカでは七％、日本は二二％となっている。今後日本のシステム作りが求められる。

全体に日本人の方が、内部告発者保護法もシステムもない状態で、その意義、効果を肯定的に捉えているのは、あるいは現実感が薄いからかもしれない。

アメリカの調査では、また実際に組織の内部に通報した人に、その対応についての質問をしている。「大変満足だった」は一九％、「まあまあ満足」が二五％、「大変不満」が三五％、「どちらかと言うと不満」が二一％となった。満足が四四％で、満足より不満の方が多かったという結果になった。当時は不正を警告した従業員に対する企業対応はまだ十分ではなかったことがわかる。

五　さまざまな見方

日本で行なったアンケートには、自由に意見を書くスペースを作らなかったが、わずかな余白に回答以外の思いを書いている人があった。その書き込みによって意外に数字には出てこない内部告発に対する誤解や意識が浮き彫りになっている。

「ホイッスルブロウワーが増加する時代、ＣＳ（顧客満足）が大切だと思う」（六〇歳代・男性・退職者）

「みんなが内部告発を行なったら、日本の企業は皆なくなってしまうのでは？　とすら思う」（二〇歳代・男性・団体職員）

「組織の恥は自分の恥であり、外に出したくない。組織内で解決する」（五〇歳代・男性フルタイム会社員）

「公益であればよい、ではなく、不正は断じて許さない」（七〇歳代・男性・退職者）

「内部告発者保護はよいが、報奨金はいけない」（四〇歳代・男性・団体職員）

「企業市民という自覚が一般化していないと、無駄で犬死になりかねない」（五〇歳代・女性・フルタイム就業者・消費者行政）

「日本の生活習慣では、誤解が生じるので混乱する。情報公開が少ない。公務員も含めてフェアではない。全体に自立性がない状態である」

「告発は組織を出てから判断すべき。結果としていつか組織にダメージが発生するので、自分はそのままにする（告発はしない）」（六〇歳代・男性・フルタイム会社員）

「告発は最終武器です。使う前に内部で改善されるよう力を尽くすことが必要。内部にいて不正が不正と感じなくなるのが怖い」（四〇歳代・男性・フルタイム会社員）

「あまりにも重い問いかけで、またどのような内容を想定するのがよいか、想像さえできず、答えることができませんでした」（四〇歳代・女性・パートタイム就業者）

アンケートに現れた数字より、余白に書かれたコメントの方が、日本人の意識の実態を表しているように思う。

アンケート調査には、欧米の動きなどについては、もちろん情報を提供しなかった。したがって内部告発を、かつての〝密告〟と同じように理解している人が少数存在することもわかったが、それが現実であると思う。一方、正義のためには意義を認める人が大多数であることが、このアンケートで判明した。ただ「あまりにも重い問いかけで」と書いた女性の感覚が、案外正直なところで、単なる一枚のアンケートでは、本当の日本人の意識は完全にはつかめていないと思っている。

第一一章　ビジネス倫理と企業の対応

一　倫理は法以上の厳しさを要求

日本では、一九九〇年代後半から二〇〇〇年にかけて、消費者保護法が次々と制定された。一九九四年に製造物責任法、二〇〇〇年には、消費者契約法、金融商品販売法が立法化され、消費者が購入した商品やサービスに関するクレーム解決のルールが整備された。また訪問販売法、割賦販売法が改正、「特定商取引に関する法律」としてまとめられ、内職・モニター商法、マルチ商法、電子商取引に対する消費者保護が充実した。

このように法律による消費者保護を充実する背景には、消費者の自己責任が厳しく問われる時代になったことがある。規制緩和に伴い、企業活動は自主的な良識に任される。安全性などの強制基準を企業の自主規制に任せ、その結果、消費者に被害が生じた場合、企業と消費者の間で自主的に解決する体制である。そのために消費者のセーフティネットとしての法整備であった。したがって企業の自主規制は、消費者にとっては、自由な活動によるコスト低下などの恩恵に浴することも、逆に規制の撤廃により被害に合って自己責任で解決しなければならないということにもなる。近頃、消費者の自立が行政から声高に要求されているのは、消費者保護法の充実と一体化の関係にある。

しかし、依然として消費者と企業間の人的面、財政面、情報力の格差は大きい。さらに法では律しきれない環境保護、消費者対応、雇用問題など、企業の社会的、道義的、倫理的自覚による行動が求められてきている。したがって、企業は利益の追求だけでなく、自然環境や消費者、株主、地域住民、従業員に対する重い責任を負っているという自覚が必要になってきた。

第一章で述べたように、二〇〇一年九月に、内閣府国民生活局がまとめた報告書『自主行動基準作成の推進とコンプライアンス経営――新たな消費者行政の枠組みのための検討課題――』は、こうした情勢の下に作成されたのである。この報告書に続いて公表された同局の『消費者と事業者間の信頼の再構築のあり方に関する資料』(平成一三年一〇月五日)には、日米を中心とした企業行動基準の策定状況がまとめられている。

この報告書によると、アメリカでは、調査した企業で倫理綱領を作成しているのが九三%、倫理委員会を設置しているのが二五%、倫理トレーニングを行なっているのは五二%となっているという。(一九九〇年フォーチュン誌一〇〇〇社に対し、ビジネス倫理センターが実施したアンケート調査・大山泰一郎著『企業倫理の内部制度化』)

一方日本の場合は、一九九六年に経団連が会員約一〇〇〇社に対して、企業倫理、企業行動規範についてアンケート調査をしている(回答率四四%)。その調査によれば、企業倫理、企業行動規範を何らかの形で明文化している企業は、全体の七割を超えたが、多くが社是、社訓や就業規則などの一部として挿入している。社是などの一部ではなく、企業倫理規定として設けている、または設ける予定の企業は、明文化していると答えたうちの三割にとどまっている。

さらに企業倫理、企業行動規範で規定している項目は、一位が「事故発生時のマニュアル」、二位が「独禁法遵守マニュアル」、三位に「企業秘密保護規定」となり、ようやく四位に「環境分野（環境管理規定）」となっている。三位までは、企業倫理に関係があるのか疑わしい項目である。たとえば、「企業秘密保護規定」は企業の倫理行動規範というより従業員に向けた縛りであり、また「独禁法遵守マニュアル」については、法律を守るのは最低の義務として、企業倫理の中に入れるべきことではないと考える。ちなみに業界団体が作成している倫理行動モデルには、盛んに「遵法精神」を強調している。倫理は法律以上に厳しい規範であるという認識が希薄である。

二　市民は倫理的投資でサポート

一方アメリカでは、ソーシャル・インベストメントとして、投資家や一般の人から、投資に際しての社会的評価を加えることが盛んになってきている。欧米やオーストラリアなども、環境に前向きな企業に投資をする運動が盛んになりつつある。日本でも、投資信託に環境信託などの金融商品がでてきているが、この動きは鈍い。

アメリカの場合、この源泉は一九〇〇年代にすでに宗教関係者の間で、教会の資産運用に、アルコールやタバコの生産に関係する企業には投資しないということから始まっている。飲酒や喫煙をしないという禁欲的な態度から、タバコやアルコール企業に投資をして利益を得ることは、倫理観が許さないというところまで発展した。株式や債券に投資をするとき、企業の事業内容だけでなく、社会的、倫理的にも共感できる相手に、投資をしてサポートをしようという趣旨である。投資は利益を得る手段だけではなく、自己の倫理観を普遍化する行為であるということであった。

一九六〇年代には、ベトナム戦争に使用される兵器企業、アパルトヘイト政策をとる南アフリカと取引をするアメリカの企業などへの投資忌避を行なっていた。

一九八〇年には、環境、女性や少数民族への差別、地域社会への貢献、原子力発電などがテーマに加わり、基準の一部に採用されていった。

特に一九八九年に有名な「環境に責任を持つ経済のための連合」（ＣＥＲＥＳ　Coalition for Environmentally Responsible Economies）が設立された。これはアラスカ湾沖で、アメリカのタンカー、バルディーズ号が事故を起こし、原油を流出させたのをきっかけに、「バルディーズの原則」が作られ、その原則に従って投資をするという団体である。収益性だけでなく、社会的責任を考慮に入れるという理念のもとに、投資対象を選ぶことに同意した集まりで、投資信託、投資顧問、年金基金などの投資関連団体の担当者とアメリカの環境保護団体の連合体である。

バルディーズの原則は、①生活圏の保護、②天然資源の持続可能な活用、③廃棄物の処理と削減、④エネルギーの賢明な利用、⑤リスク削減、⑥安全な商品やサービスの提供、⑦損害賠償、⑧情報公開、⑨環境担当役員及び管理者の設置、⑩評価と年次監査、となっている。現在でこそ日本も循環型社会を目指し環境法も整備されて、この原則は当然のことのように行きわたってきたが、十数年前には、画期的なこととして紹介された。現在は日本にもバルディーズ研究会という組織ができ、環境運動家や企業人、学者などが参加して活動をしている。

三　企業の自主規制は成熟度、知性、責任に依拠

このようなソーシャル・インベストメント運動とは別に、一九七〇年代にはウォーターゲート事件、ロッキード事件が発生し、モラル改革運動がはじまった。モラルの問題であるがゆえに、法律による規制ではなく、企業の自主規制に任せるという動きであった。

たとえば企業や行政には、倫理綱領の作成、内部告発システムの構築、社内での教育、監視システムの導入が推奨された。

行政では、一九七八年に連邦政府倫理法によって、連邦政府倫理局が設置された。公務員は「世間はどう評価するか」に特別な配慮が必要となっている。したがってアメリカ官庁の国民向けサービスはきめ細かい。日本では市民に対する公僕意識が徐々に芽生えてきたようだが、情報を国民に伝えるサービスという点では、アメリカと格段に違う。アメリカでは七八年に告発者に対する保護を目的とした市民サービス改革法（the Civil Service Reform Act）を成立させている。

アメリカではまたこの頃、大学の法学部に「倫理」について、最低一コースを設置することを

決めている。法学部以外の大学、大学院では、ビジネス・エシックスのコースが、ウォーターゲート事件以後、一般化した。消費者運動の高まり、大企業の社会的責任の追求などが契機になっている。

八二年には、大手製薬・衛生機器メーカーであるジョンソン&ジョンソン社の子会社マックニール社で製造されている鎮痛剤、タイレノールに青酸化合物が混入されるという事件が発生した。シカゴ近辺の七名が死亡した事件である。親会社の社長は第一報を聞いてから直ぐに陣頭に立ち、回収、公表、製品改良を迅速に行なった。原因追求は後にして、まず消費者の安全を優先し、事故の最新の情報をマスコミに流し続けて警告した。全国の医師、薬局、病院、保健所に電報、電子メールが送られた。社員を回収に当たらせたが、どのような事態になっても雇用は守ることを約束し、社員に安心感を与えた。事件発生後、同社の株は急落し、製品の売上は八〇%低下した。しかし初期対応のよさと、危機管理の手際よさ、市場調査などによる営業政策が功を奏して、犯人も特定できないまま、三七%あったシェアを、一年後には二〇%に戻し、二年後には事件発生前に回復させた。その後も、公衆の安全を第一にした同社の手際の良さが、いまだに企業倫理の模範的行為、危機管理の見事さとして広く記憶されている。行政の指導に待つのではなく、企業のトップの英断でカプセルの形状を錠剤に変更し、毒物が混入しにくい形状に製品改良をするなど、次々に先手を打って処置したので、従業員ばかりでなく株主や消費者の支持を得られたのである。このケースは日本でも、企業の不祥事が発生するたびに勉強会の教材となる。やはり企業トップの倫理感、責任感によって、危機をチャンスにすることができる。

ただ最近の企業責任は、このような消費者対応だけでなく、資源の有限性、産業コスト、環境汚染、エコシステムなどに及んできている。ビジネス側も目覚め、社会貢献が利益追求と共に大きな評価項目であることに気づいたのである。八〇年の終わりには、アメリカ企業四五〇〇社が倫理綱領を作成した。従業員がかけられるホットラインを設置するところも増えた。重役レベルの倫理委員会が作られ、企業倫理に関する社会訓練も行なわれた。九〇年には政府も参加するようになった。九一年議会は連邦量刑ガイドラインを作成し、従業員の犯罪を未然防止するシステムを作った企業は、罰金を軽減するなどを盛り込んだ。ビジネス倫理は社会風潮になったのである。

ただこのような努力にもかかわらず、八〇年代は不正行為が多かった。贈賄、商品の表示不備、詐欺、公金横領、リベート、危険な商品、インサイダー取引など、企業倫理にもとる行為であった。消費者によるボイコット運動、欠陥商品による被害の賠償を求めた訴訟運動などが活発に展開されていった。

これらの圧力によって「企業は利益追求のために悪をなす」という神話は徐々に崩壊していったと、リチャード・ドジョージは、『ビジネス倫理』の中で書いている。その理由として、

①スキャンダル報道と市民の厳しい反応

②環境保護運動、消費者運動などのグループの結成、経済倫理に関する関心の増大

③企業内部の倫理規定の作成

の三点を挙げている。

企業の自主規制、自主的な行動基準作成という企業行動の自由は、成熟、知性、責任が前提である。さらに企業の説明責任や公正さは、正直、信頼が基本である。

アメリカではこのような社会の価値観の変容によって、政府や専門職の倫理改革と現代のエスタブリッシュメントによる倫理の確立が必要とされていったのである。

四　賢明な私益と企業倫理

企業が倫理綱領を作成することは、従業員が違法行為の告発に恐れを持たない組織を作ることと相まって、私益を見つめ直すことである。競争市場では倫理行動を促進する〝賢明な私益〟が必要なのである。

特に高い地位にいる人間や専門的な職種についている者は、不正の告発や経営方針の是正、危険商品の設計変更などの義務が重い。また経営者は内部告発を検討し、内容に関しての調査、検証をするのは当然である。ただ、アメリカで企業の内部告発のケースを調べると、重役や専門職の人が多いのに驚く。企業で重要なポストにある人は、それだけ容易に不正を見破ることができ、倫理観も強いのだろう。

情報を公開することは、もっと企業内をオープンにし、説明可能な文化を創出することである。企業倫理を作成し、不正の内部告発を容易にする。従業員も声をあげることによって、職場ばかりでなく社会にも自分の役割を果たすことになる。それが企業倫理を向上させるだけでなく、地域全体のレベルの向上を目指すことと繋がる。

欧米の企業や行政では、ホットラインを設置している所が多いが、事実上電話機に匿名で吹き込むやり方だと、犯罪の抑止にはなっても、個人、地域社会のモラルの向上には、役に立たないという意見がある。告発は困惑すべき、また隠すべき行為であるという前提であるから、匿名にするのである。したがって匿名には、悪意ある意図や、報復的な告発である可能性があるという。もし経営者が、内部告発によって不正が大きくなるのを未然に防止したいと考えるならば、経営方針で内部告発奨励を明記することを勧めている。匿名は効果が薄い場合が多く、信頼性が低い。自分の信念に従って危険を顧みず告発をすることに効果がある。そのために経営方針で明記されていない限り、道徳的義務というだけでは、従業員が同僚や上司を告発するのは困難である。お互いが監視し合うのは、警察国家的メンタリティとなるので、組織としての対応が重視されるのである。

「どんな組織も、不正を抱える危険性や、反倫理的行為をする恐れを持っている」とは、ある運動団体のスローガンである。

企業の地域社会への責任は、安全ばかりではないことは自明の理である。工場などの建設や開設が、地域社会への経済的負担を伴うことが多い。その見返りに地域社会の犠牲を最小限にし、相応の貢献をすべきである。工場閉鎖も地域社会への影響に最大の考慮をしなければならない。利益をあげることだけを優先するのではなく、ステークホルダー（様々な利害を持つ者）の利害を調整し、株主だけの利益追求にならないようにすべきであるというのが、最近の欧米メディアの経済面での論調である。倫理的問題を解決するために、倫理ホットライン、企業倫理担当者、企業倫理委員会などの設置を呼びかけている。

企業倫理に関する内部告発の事例を二例だけ紹介する。

＊テキサコ社の人材コーディネーターのリチャード・ランドウォールは、重役会の記録担当者だったが、リストラでクビになったとき、一四〇〇人の黒人が、人種差別で会社を訴えている裁判に、自分が録音したテープを提出した。そのテープには役員会での差別的な発言が録音されていた。社長は謝罪をし、黒人たちに一億八〇〇〇万ドルを支払うことに同意した。

＊「世界のスーパーマーケット」といわれるアーチャー・ダニールス・ミドランド（ＡＤＭ）社の重役であったウィチャクレーは、二種類の農業製品に関する価格決定の談合をＦＢＩに協力して、録音した。会社は認めて、反トラスト法違反で空前の一億ドルの罰金を言い渡された。その後会社は反撃に転じ、告発者は、何百万ドルの使い込みをし、自殺を図ったこともあるなどとい

う情報を流した。結局彼は退職に追い込まれたが、推理小説まがいの複雑なストーリーとなった。価格協定の談合は倫理問題だけでなく法律違反であるが、日本では「仲間の和」を乱さないという常識があり、この常識に従えば、価格協定は倫理的行為となる。しかし、企業活動においては競争が至上であり、価格協定は不正行為となる。日本社会の倫理が、経済のグローバル化によって変わっていく一つの例である。

ラルフ・ネーダーが「告発者は生まれであって、育ちではない」と言っているのは、告発者には、強い信念と意志が要請されるからである。育てられた環境よりもって生まれた素質であるということであろう。告発者の相談・サポートをしている「政府を監視する会」（ＰＯＧＯ）によると、告発者は、五〇代に多い。子供はすでに大学に通い、新しいキャリアを始めるには年がいき過ぎている層で、失うものが最も多い世代であるということだ。告発者を専門に扱ってきた弁護士によると、「告発者の多くは信心深く、保守的、経営者に忠節で、順法精神に富み、その企業で長年働いてきた人である」という。責任感が強く、正義感のあふれた人物像が浮かんでくる。ビジネス倫理は、このような社員に支えられて確立するようである。

五　始まった日本企業の取組み

日本企業で内部告発を受け入れ、さらに奨励するところがでてきた。内部告発者のために行動基準を作成し、ホットラインを設け、担当重役を任命し、会社員に対して違法や反倫理と闘う姿勢を示す努力をしているのである。業界として取り組んでいるところもある。

その中で、医薬品会社のエーザイ（株）のコンプライアンス体制を紹介する。同社が発行している「コンプライアンス・ハンドブック」には、企業が内部告発にどう対応すべきか、その根源に遡って、社員の一人ひとりに語りかけている。コンプライアンスとは、「法や規則の遵守・従うこと」であり、エーザイの場合は、「ＥＮＷ（エーザイ・ネット・ワーク）企業行動憲章」を守ることである。この企業行動憲章には「法規の遵守と高い倫理観」「環境保全」「公明正大な競争」「社会貢献」「適切な情報開示」などについて記載されている。

アメリカの弁護士であり、社外からコンプライアンス委員会の委員長に任命されたＤ・スチュアート・ミケルジョンはハンドブックの序言で、次のように書いている。

「もしあなたが仕事以外の生活で、法を守り尊敬されるような行動をしようとしているかと聞かれたら、あなたはきっと『イエス』と答えるでしょう。……私たちは法を守り、名誉を尊ぶことによって、自分の行動が制限されるとは思いません。いやむしろ、法と名誉は人生における自分の役割をはっきりさせ、それを実現する指針であり、モデルであるはずです。コンプライアンスとは、私たちの行動が同一の簡単な原則にのっとるということです。ただ、要請されているのは職業上のことであり、個人の生活面ではありません。この問題について二つの観点からアプローチしましょう」（筆者訳）。

同氏が指摘している二つの観点というのは、仕事を通じての行為は個人に責任があるということ、会社はその個人によって活動していることである。企業の犯罪は、企業という組織の悪ではなく、そこに働く個人個人の責任であることを明確に述べているのである。

エーザイがコンプライアンス・プログラムを作成する発端となったのは、やはり法違反でスキャンダルに巻き込まれ、ブランドイメージを傷つけるという事件であったという。一九九九年、スイスなどの世界的な医薬品会社を巻き込んだビタミン剤のカルテルで、アメリカの消費者から集団訴訟をおこされた。ビタミン剤の価格が高いのは、数社で価格協定をしていたからであり、企業はその消費者が被った損害を賠償せよと要求された。

アメリカは独禁法に関係した経済犯罪については、懲罰賠償や刑事罰を科し厳罰主義を取っている。エーザイもその対象になった。同社はアメリカ司法省と司法取引をして、多額の罰金を支払ったという。そのとき同社はブランドイメージを傷つけられ、信頼回復に大きなエネルギーを費やした。その反省から、新しいコンプライアンス・プログラムを導入したのである。

エーザイはこのコンプライアンス・プログラムの作成にあたり、他社と異なるアプローチをした。多くの日本企業は、法務部が中心になって倫理行動要綱を作成し、システムを構築している。したがって理想は高く、法的には完璧ではあっても、一般社員にとっては難解、抽象的な法的用語が多く、社員にとっての訴求力に乏しい。その点、エーザイの場合は米国子会社のコンプライアンス・プログラムをもとに、外部委員を交え作成されたという経緯があり、一般社員にとっても平易でわかりやすいだけでなく、馴染みやすいものとなっている。また、内容も、全世界のネットワーク企業共通の企業行動憲章であるコア・バージョンと、各国の法制に沿ったローカル・バージョンからなっている。エーザイはコンプライアンス委員会を創設し、委員長にアメリカの外部弁護士を招いた。五人のメンバーには、社員として副社長がひとり参加するのみで、後は欧州の弁護士を含めて外部から採用し、国外や社外からの人材で構成している。この委員会によって、プログラムの検討が行なわれ、アメリカ的なシステムとわかりやすいハンドブックができ上がった。システムとして、本社に執行役員を一人、コンプライアンス・オフィサーとして配置したが、委員会は、このコンプライアンス・オフィサーや企業倫理推進部の業務に助言・勧告を行なうという対等性を担保している。

このようにして基本的なプログラムができ上がった。

エーザイは企業行動憲章・行動指針を策定し、取締役・執行役員をこのコンプライアンス推進の総括責任者と位置付けている。

具体的には、ホットラインによる相談・連絡を社員から受け付けている。同社のこのホットラインは「コンプライアンス・カウンター」と名づけられているが、受け付ける内容から見ても、内部告発用ホットラインの役割を果たしている。しかし内部告発用ホットラインと言えば抵抗があるが、コンプライアンス・カウンターなら、気軽にアクセスできそうである。

同社が受け付ける内容は、①自分の行動が基準に反していないかという相談、②他人が基準に

コンプライアンス推進体制図

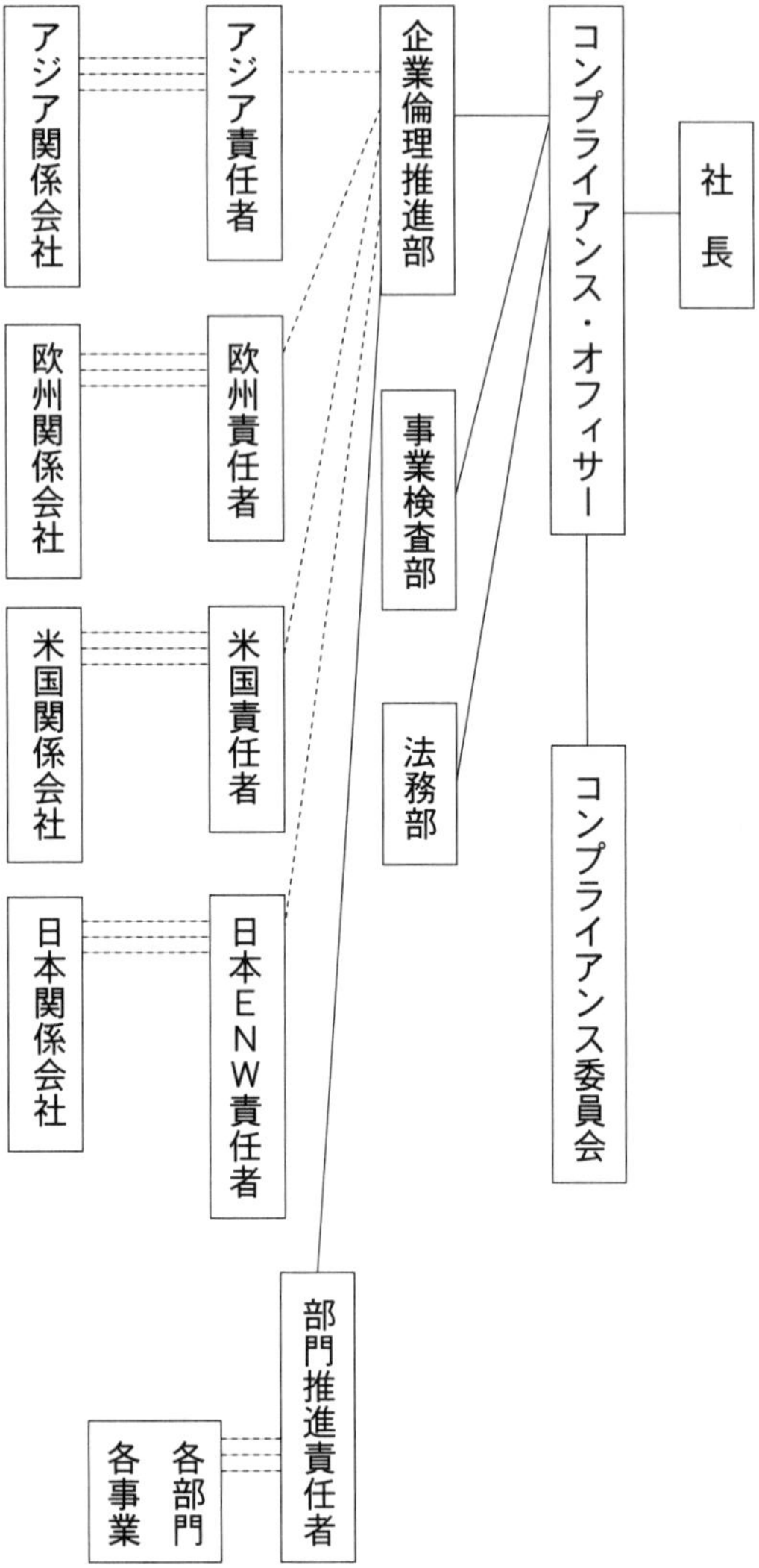

反する行為を行なっていると感じたという通報、である。ここで〝感じた〟という表現を使っているが、これは〝確証がある〟という確固たるものでなくてもよいということを社員に印象付けている。同僚が「法違反をしているのではないだろうか」というかすかな疑問でもよい、ということだ。たとえこの通報が間違っていても、社内で規定通り極秘の調査を行なえば、通報者も、疑われた人も傷にはならない。関係者は「悪が芽にならない前に処理をしたい」と述べている。〝芽〟になってしまえば、手遅れになる可能性が高くなるということだろう。

業務担当者は五名。二〇〇〇年四月の開設以来、月に約五〇から六〇件の通報があり、二〇〇一年一〇月末までに一〇九九件となっている。多くが電話での相談であるが、メール、ファックス、手紙などもよい。匿名性については、もし名前や身分が企業倫理部に知られるのを回避したい場合は、社外の弁護士事務所とEメールか封書で連絡することができる。弁護士は通報者名を開示しないで、エーザイと対応する。

相談・連絡の対象事項は、コンプライアンス違反であるが、例として挙がっているのが、価格協定、再販価格協定、欠陥商品の製造、公務員への供与、不法投棄、不当な嫌がらせや差別である。これらの違反を感知すれば連絡することを義務としている。つまり内部告発は社員の義務として、「企業行動憲章または行動指針の違反は、すべて連絡されなければなりません」と書いている。「連絡してください」より、一歩義務に近い毅然とした表現である。内部告発を奨励しているという同社の堅い主張の表れであると読み取れる。

同社は社員に、コンプライアンス・テストとして、次のように自らを客観視するように勧めている。

その行動は、

①家族に胸を張って話せますか？

②見つからなければ大丈夫と思っていませんか？

③第三者として（その行動を）ニュースで見たらどう思いますか？

初代のコンプライアンス・オフィサー出口宣夫氏に、「寄せられた相談・連絡の中には、これが外部に知れると、問題になっただろうと予想されたケースもあったか」という質問をした。出口氏は否定も肯定もしなかった。そしてコンプライアンス・プログラムが会社にとっていかに重要であるかを強調した。

第一二章　効果的な法と効果的な企業対策

一　効果的な内部告発者保護とは

アメリカの「政府の説明責任を求める会」（ＧＡＰ）は長年内部告発運動を行なってきた。その経験を踏まえて、同団体の弁護士が効果的な保護法のチェックリストを作成している。国際的に内部告発者保護法の制定運動を広げるために、参考として「どのような法であるべきか」のモデルである。日本も内部告発に関心が集まってきたようである。「アメリカ情報自由法と内部告発者保護」「内部告発者と企業対応」などの講演会が開かれるようになった。日本での内部告発者保護法立法化のために、保護法のチェックリストの要点を紹介する。

Ａ　保護の適用範囲を広げる

①言論の保護に抜け穴があってはならない。告発が法的に受入れられる方法で行なわれるなら、言論の自由はどのような内容でも、適用すべきである。ただし法によって情報開示を特別に禁止している内容は除外されるが、法的に許容される範囲内であれば、形式、内容、対象は限定せずに保護すべきである。

②現実に存在するテーマの範囲を広げる。違法行為、莫大な無駄使い、管理ミス、権力の乱用、公衆の健康や安全の危険、法の執行や実行の妨害など、いかなる情報も含む。

③違法行為の情報提供は義務である。内部告発をすることは個人の意志ではなく、一般社会に

対する義務である。また証言をすることも義務であるという意識変革の手助けを、法はすべきである。

④法律を侵さない権利もある。たとえ組織が違法行為に浸っているときでも、個人が法律を侵さない権利を主張できる条項があれば、不正の既成事実を絶つことができる。あえて内部告発をする必要性もなくなる。従業員は非合法であるという根拠で、命令を拒否しても、危険を引き受けることはなくなる。

⑤ハラスメント（嫌がらせ・迷惑行為）にいたるすべての行為から保護する。性的行為だけでなく、人種やその他の差別に関わるハラスメントについて、言論の自由を行使するとき、法律は保護の対象にすべきである。

⑥公衆にサービスをするすべての従業員に適用する。公務員であろうと私企業の従業員であろうと、政府の事業と関係のあるすべての従業員が公衆を裏切る行為を告発した場合に適用すべきである。

⑦信頼性の高い告発に適用する。組織や個人が説明責任を遂行するためには、情報のパイプを多様化しなければならないが、その流れの中に匿名の告発も受入れなければならない。

⑧広範囲なハラスメントから保護する。ハラスメントには言葉で表現できない微妙な行為がある。首切りという積極的な差別から、昇進をさせない、あるいは必要でない訓練を受けるように勧めるといった消極的な差別があるが、合法な告発に対する差別は、どのような形であ

れ禁止すべきである。

⑨緘口令など、機密情報保持は禁止される。内部告発者を保護することは、経営者が独自に決めた規則や社内の方針で、「機密事項である」とすることを禁止しなければならない。

⑩権利について周知を図る。実際問題として、内部告発者が法律を知らなければ、いかなる法も保護をしてくれない。内部告発者の権利は、違法行為を知った者が情報を開示すべきであるという義務を伴っている。このことを知らせるポスターを、どの職場にも目立つところに掲示すべきである。

組織の利益と矛盾するところがあるからといって、内部告発者の権利を狭めたりしてはならない。たとえ取締役会やその他の会議で、内部告発者保護策に対して好意的でない意見が多数出たとしても、国の保護法や規則によって、トロイの木馬のように、内部から破壊される。

一方内部告発者にとっても、法的に保護されるためには、次の条件がある。

①最も重要なことは、適正手続きによる裁判を受けることであるが、陪審裁判を受けることができる国では、陪審裁判がよい。市民を守るための、市民による裁判で評決されるべきである。

②互いの同意で決めた調停員によるＡＤＲ（裁判外紛争処理）を選択する。もし調停員が告発

者側と企業側の同意によって選ばれるのであれば、内部告発者にとっても、調停制度は迅速で費用が安い。

③証明責任が転換されるべきである。民事訴訟では、訴えた側が内容の証明をしなければならないという原則があるが、その原則を覆して、一九八九年の連邦内部告発者保護法は、告発者の権利を守るために、それまでの非現実的で、不合理で、時代遅れの立証負担の原則を見直した。内部告発者保護法以後、一貫して採用されているのは、告発した事実の証拠が反対の証拠より優位にある、つまり告発者は五一％の証明ができればよいということである。内部告発をした結果の差別であれば、必ずしも報復の結果でなくてもよく、組織が個人的に憎しみを持ち、敵対的な態度をとれば保護される。証拠責任が経営者に転換されて、経営者は明確で、確信のある証拠を提示しなければならなくなった。

したがって、アメリカでは告発の立証は、告発した人が「緩やかな証明」をしなければならないが、告発後差別による訴訟では、告発された組織側、つまり企業や行政が〝いじめていない〟ということの立証責任を負わされている。この証明責任がどちらにあるかが、裁判の勝敗を大きく左右する。組織側が〝いじめていない〟という証明をするのが困難で、敗訴の可能性が高い。

連邦政府が内部告発者法の証拠責任を転換して以来、告発者側の勝率が、年間一％から五％以上高くなったという。また自らを守るため内部告発者が、いじめがあったとして戦う人が二五％から三〇％に増えた。

④法律では、内部告発した従業員が差別などで裁判に訴えた場合の時効は、三〇日から六〇日以内となっている。その前に訴訟を起こさなければならない。ほとんどの内部告発者は、保護されているという権利に気がつくのは時効が過ぎてからである。ただその他の事例では、権利の時効については一年にしている。

⑤勝てば全面的に救済をする。もし内部告発者が勝利をすれば、救済は直接、間接、将来の報復までのすべてに適用すべきである。

⑥中間時点で救済を考える。たとえば裁判などで勝っても、雇用されていない内部告発者は、審理が長引いて判決が出る前に破産してしまう。裁判中に、中間救済として報奨金を出すべきである。もし最終決定が覆ったなら、返金するという条件をつければよい。

⑦もし希望するなら、弁護士費用の扶助をすべきである。

⑧転職に不利にならないようにする。告発者が、敗訴したボスや同僚とともに同じ職場で働くということは現実的ではない。繰り返される報復を避けるために、新しいスタートとして、現実的なチャンスを求めて容易に転職ができるようにする。

⑨組織の中で個人的に内部告発者に報復行為をした場合にも、組織に責任がある。繰り返される報復行為をやめさせるために、内部告発者に対する報復行為には、組織の責任者に申し開きをする義務を課すべきである。それがなければ、マネージャーがいじめをしても失うものは何もない。最も悪いことは、報復行為をして非公式に報酬を得ることである。報復を防ぐ

最も効果的な方法は、報復をした個人に懲罰的損害賠償の責任を課すことである。
⑩内部告発者保護法は、他の法の代わりではなく、追加したものである。内部告発者保護法を成立させた立法府は、たとえば民法の権利条項や現存する憲法に代わるものでも、取り消すものでもないことを、詳細に、明確にしなければならない。それでなければ、大きな後退になる危険を侵す。
⑪違法行為が判明後は、告発内容を適切に処理する。連邦政府の調査では、内部告発者にならずに黙認する主な理由は、報復を恐れているというより、告発後に何の変化もないことである。内部告発法を効果的にするには、適切な立法、執行機関による調査など、合理的な違法の告発を真剣に傾聴して、対策を講じる条項を持つべきである。

二　企業は具体的対策が必要

イギリスの「職場における公益」団体は、法律の制定には大きく貢献したが、また一方では、従業員には効果的な内部告発の方法を指示し、企業や組織には内部に通報できるシステムを設置することを呼びかけている。その企業向け資料は次のようになっている。

①誰が（正社員以外を含めるのか）、誰に（システムの誰に）、何に対して（どのようなこと

を)、責任(責任者は誰か)を取るのかを明確にする。

数百人の生命を奪い、多数の人たちに障害や損害を与えるという悲劇やスキャンダルが起きた。行政がこれらの悲劇の背後にある事実を明かにしていくにつれて、事故は防ぐことができたし、また防ぐべきであったことが明確になった。調査によると、従業員は、危険性については知っていたのに、事故は発生したのである。従業員が正しく通報しなかった、あるいは適切な対応が取られなかった理由は次の三点であった。

*通報するのが恐ろしかった。
*適切でない人に通報した。
*疑惑を通報したが、無視された。

たとえばクラプハム鉄道の衝突事故は、それ以前に、職長が合流点の交差場所にある針金の止め金が緩んでいたことを知っていたが、組織を騒がせるのが怖くて何もできなかった。同じように、パイパー・アルファ石油の油井掘削装置で働く作業員は、爆発が起きる危険性を知っていたが、自分の仕事を危険にさらしたくなかったので黙っていた。ゼーブルツヘ沖のフェリーの悲劇は、マネージャーが、フェリーの船首ドアが開いているという警告に注意していれば回避できた。バーロー・クローズ銀行とマックスウェル年金のスキャンダルは、従業員に自分のことだけに関心を寄せればよいと奨励する組織体質が要因である。組織での不正行為といっても、たとえば安全でない牛肉をチェーン式スーパーマーケットに卸す、上司のセクハラ、公金のシステム的な不正使用といった、単純なこともある。重大な事故に繋がることであれ、単純なことであれ、これらを最初に気付くのは多くの場合、従業員である。この従業員がこれらを警告すると、自分の立場を無くすと考える。不正行為や違法行為に純粋に疑問を抱く人たちは、通常激しいジレンマに陥る。沈黙を守るか、何か方法がないかと考える。方法としては、経営者に疑惑を申し立てるか、外部の組織に持ち出すかの二者択一である。

②単純なテストをする

内部告発をするということはどういうことかを知る簡単な方法は、上司から〝なぜ、このことを話してくれなかったか〟と詰問される場面を想像すればよい。まず上司に通報することである。

〝告げ口屋〟あるいは〝トラブルメーカー〟とレッテルを貼られる、不忠義ものと見られる、マネージャーや同僚によっていじめられる、といった恐怖は、告発を躊躇させる。「密告しない」ということは、幼時から教えられてきた。したがって、気の向くままに人の信頼を裏切る人と、正義のために自分の直接の利益に関係のないことを告発する人との区別は、必ずしも明確でないのが普通である。

告発以外の方法を探せという圧力に抵抗したくなる従業員、あるいは責任者が調査すべきであるという従業員は、通報すると懲罰を課されるかもしれないという恐怖と闘った結果に違いない。また、報道ニュースは内部告発者を中心に報道するから、これらの恐怖を増幅させる。

そのような状況では、結局経営者ではなく、友人や家族だけに話をすることになる。もし従業員が沈黙することになれば、あるいは組織外に通報することを選択すれば、経営者は大きな損害を招く危機回避のチャンスを失う。

責任ある経営者であれば、疑惑の申し立てを従業員に奨励することが、組織の利益であることを知っている。意見上申を従業員に思い止まらせる文化であれば、問題を深刻に、複雑にするだけである。雇用契約中の秘密条項によって、従業員は黙っているべきであるという圧力をかけたり、従業員が抱く疑惑は苦情や不満の表れではないかと考えたり、書面による手続きを通してやれ、などと勧告をすると、会社が不正に手を染めているという印象を与える。そのうえ、管理を強固にするために、他にコミュニケーション・チャンネルをつくらない経営者は、責任ある人に届く情報を、中間管理職が抑えてしまう危険性がある。そのようなシステムは、汚職者、怠惰者、無能力者を保護していることになる。

経営者は、従業員が管理職レベルに疑惑を申し立てることは安全であり、受入れられるという雰囲気を確立すべきである。すべての組織は、知らないうちに不正行為を抱えてしまう。それなのに、効果的にこれを処理する努力をほとんどしていない。その結果多くの組織は、従業員が不正行為について申し立てをすると、その仕事を危険にさらすことになる。これは組織内部だけでなく、一般の利益を損なうことになる。法律があれば、組織が沈黙と無為のサイクルに陥ることを断ち切るのに有効である。適切な理由があれば、外部に申し立てをすることもできる。

三　内部告発は、単純な早期警告システム

「法（公益公開法）は、公益と経営者の利益の、重要にして微妙なバランスを取った」とノーラン委員会の委員長は評価したが、従業員に職場での不正申し立てを許す文化がなければ、経営者は最後の土壇場まで不正を知ることはない。悲劇が発生すると、責任ある人たちはよく「我々が知っておれば」というが、これは、行政やメディアが騒ぎだしてから問題を知って発する言葉である。事件が行政やメディアによって調査される前に、効果的な内部告発が行なわれれば、経営者は不正が行なわれていることを発見でき、必要なら是正する行動が取れる。内部告発は、不満があり憤慨しているときに、メディアに匿名で情報を漏らし、経営者に損害を与えることでも、秘密裡に取引することで復讐をする手段でもない。また破廉恥な従業員が経営者に身代金を強要する手段でもない。

もし告発の内容ではなく、告発した人を攻撃するなら、法律は告発者に賠償することを命じるだろう。

内部告発を受け入れないだけでなく、積極的に奨励しない文化を持った組織は、不正調査や不正抑止のチャンスを逃すことになる。職場や関係者、消費者、行政マンや他の一般人に、説明責任を果たすことが重要である。

競争が激化する世界で成功する組織は、秘密と無関心の代わりに、説明責任とオープンな文化を持つ。ただ、安全に申し立てができるスタッフを抱える文化があっても、組織がトラブルに巻き込まれたときの万能薬ではない。たとえ、世界で最もよいシステムをもっていても、経営者が潜在的なリスクに注意を向けるとは限らない。不正、あるいは危険についての疑惑は、多くの場合、他の利益や義務とのバランスを取る必要が生じる。そのようなケースでは、後になって、正しい決定をしたかどうかが判定されるが、決定したことがよい方向に向かわず、負傷者が出たり、会社が損害を被っても、開かれたタイプの文化なら、影響を受けた多くの人は、責任者が責任を果たすべくベストを尽くしたことを認めるだろう。

四　なぜ内部告発対策が必要か

公益公開法は、経営者に必ず内部告発の社内システムを導入するようにとは要求してはいない。しかし対策を採用する方がよい理由は、必ず次の通りである。

組織の中で、喜んで疑惑の申し立てを聞く手続きがない限り、従業員は疑惑を外部に持ち出す。その行為は法律によって保護される。よい内部告発対策と手続きをもった経営者は、法のもとで賠償請求にさらされることは少ない。当然、情報公開が請求されることも少ない。効果的な内部告発のシステムは、危機管理に有効で、外部からの圧力を最小にし、人々を安心させるのに役立つ。
＊損害が深刻になって防護策をとる時間がないという事態にならないうちに、不正行為について知ることができる。
＊早期に警告が与えられるなら、防御のための危機管理に使う時間と資料を減らすことができる。
＊不正行為が見つかりやすいことで、不正を思いとどまらせることができる。

内部告発の社内システムにおいて、従業員に雇用関連法などに従うことを強いてはならない。もし従業員が責任を理解し、管理職が説明責任を果たすという環境をつくりたいなら、訴訟を回避する対策をするだけでは十分ではない。内部告発の効果的な対策は、とりもなおさず、従業員に道が確実に開かれているという保証をすることが重要なのである。

イギリスでは、「公益公開法」が成立する五年前の一九九四年に、ローラン卿を委員長とする「公的生活（著者注・職場など）での内部告発を奨励する委員会」が設立された。この委員会は「公的生活において、高潔性の最高基準を確保する方法」を勧告することが任務であった。四つの報告書が提出されたが、それぞれに内部告発が高い基準を確保する手段であるという勧告を行なっている。報告書は公的機関を対象にしていたが、裁判所は、公的、私的、任意のいずれの組織であれ、内部告発の取り決めに関する勧告を尊重するだろう。

委員会が勧告した効果的な内部告発に関するガイドラインは以下の通りである。
1 組織の中で不正が行なわれていることを明確に申し出るようにする。
2 不正として見られる事柄の種類を特定する。
3 もし疑惑の申し立てをする従業員が望むなら、匿名でも尊重する。
4 管理ラインの外側に、疑惑を申し立てるシステムを作る。
5 必要なら、組織の外側へでも疑惑を申し立てることができる適切な方法を示す。
6 外部の組織にアクセスすることを許可する。たとえば独立したボランティア団体など。
7 行政の内部告発手続きにアクセスできる民間団体のスタッフと契約をする。
8 悪意で不正な申し立てをしたときの罰則を知らせておく。

五　事例の検討

消費者苦情対応では、時には企業が「悪質クレーマー」とみなす消費者からの苦情に悩む。この「悪質」と判断する基準はなく、執拗に苦情を申し出る人であったり、常識的な、時には中庸の解決策と考えられる回答にも納得しないなどの理由であるケースが多い。イギリスの運動団体が、企業と内部告発者の関係がこじれて、報道関係者に告発する寸前までいったケースを事例研究として挙げている。少し特異なキャラクターを持つ従業員が疑惑を申し出た場合、マネージャーが真摯に対応しないケースである。常識的な判断や従来の対応では、時には大きな落とし穴があることを、この事例は示唆している。しかしイギリスでも、日本と同様に執拗な、あるいは慣習では過剰と思える要求をする人も少なくないことを伺わせる。このような事例を検討することによって、担当者の中にある偏見や固定観念を見直す機会となるのであろう。いずれにしても、企業にとっては消費者対応より内部告発者対応の方が困難である。

イギリスのＮＰＯ「職場における公益」団体の企業向け資料の中にあるケース・スタディは、「何が悪かったか」「なぜこのようになったのか」「どのようにすれば避けられたか」を検討するようになっている。

検討事例

ビアンカは、イギリス中にサービス事業を展開している、大手企業の地区会計事務所で働いている。一年前、請求書の計算に間違いがあることを見つけた。ビアンカは同僚であるリックと一緒にチェックし、顧客に五％定期的に余分に請求していたことを突き止めた。二人はデータを集め、地区マネージャーのデービッドに会った。彼は関心があるようには見えなかったが、証拠を調べてみると言った。彼はリックが何事にも苦情をいう傾向があって、リックとともに働きたいという人はいないことを知っていた。会社はリックを解雇すべきであると考えていた。

リックとビアンカは地区マネージャーとの話し合いには満足しなかった。二人には地区マネージャーがこの問題を真剣に取り上げるとは思えなかった。余分な請求の訂正をすれば、地区マネージャーや他の上席マネージャーは、業績に関連したボーナスがもらえなくなるので、地区マネージャーが訂正するとは考えられないと、リックは言った

事件が調査されている間、リックとビアンカは突然、別々の事務所に配置換えになった。ビアンカはそれを受け入れた。リックは怒った。彼は調査をする内部会計監査員の責任者である会社の最高経営責任者（ＣＥＯ）にアポイントを取った。一週間以内に、彼の報告のとおり、会社中に問題があることが判明し、新しい請求システムを開発する緊急計画が決まった。

リックとビアンカは、最高経営責任者から改善策を知らされたとき、リックは二人を元のポストに戻すことと報奨金を要求し、さらにマネージャーのデビットに懲罰を課すべきであると言った。会社の人事課長は、ポストの見直しを約束したが、報奨金は与えないこと、マネージャーに懲罰を課すとしても、〝プライベート〟のことであり、リックとビアンカに関係がないと言った。

二人のポストの見直しを人事課長が行なっている間、リックは「もし会社が正しいことをしなければ、この件については公表することになるだろう」と警告した。しかしながらリックとビアンカが、元のいた職場に戻ってマネージャーのデービッドと一緒に仕事をするのは難しいと判断され、会社は二人が現在の部署にとどまることを決めた。会社はリックとビアンカの

キャリアには何の障害もなく、犠牲になることはないと保証した。ビアンカは会社の回答に不満を持ったが、これ以上行動を起こしたくなかった。一方リックは、会社の態度は受け入れ難いとして、重役に「顧客が余分に請求をされた金額を返せと要求すれば、会社は返金するのか」という質問を書いて渡した。これに対し、「会社は、適切な行動をした。あなたに返事をする必要はない」という返事があった。試算では、会社は不正に約百万ポンドの利益を得たとリックは考えている。リックは会社が適切に対応しない限り、報道機関に知らせると警告を発している。

さて企業の対応の評価は、どのようになるのだろうか。

同団体のマニュアルには、「メッセージに対してより、メッセンジャーを攻撃の的にするなら、組織は法（公益公開）のもとで、非難にさらされるだろう」と忠告している。

同団体の検討課題「何が悪かったのか」「なぜこのようになったのか」「どのようにすれば避けられたのか」については、当然模範解答はない。ただ消費者対応を担当している部署なら、よく似た事例に遭遇する。最も悪いのは、固定観念に囚われた対応であり、誰が申し出ているかではなく、何を申し出ているかに注意することである。

六　社内対策を実行する時のガイド

ステップ1　基礎的な準備

内部告発の社内対策を従業員に紹介するときに重要なことは、対策の狙いや目的を明確にすることである。次のことを責任者からはっきり述べる。

＊企業は、従業員が不正行為についての疑惑を申し出ることを望み、期待していること。

＊社内手続きを利用するとき、いじめを受けて犠牲になることはないこと。

ワーキング・グループを通して、従業員と管理職が次の点を相談する。

＊企業にとって重要な問題や危険がある部署について

＊疑惑を申し出ることを思いとどまらせる要因やその解決方法について

＊内部告発の重要な取り決めについて

この話合いの過程で、疑惑を申し立てるときに障害があれば、それが明らかになる。また、その障害を除去するステップが必要になる。上からの押し付けであったり、形式だけだと誤解されないこと。職場環境をよりオープンにし、責任体制をきちんとする。

理想的には、ワーキング・グループを立ち上げるときに、職場の相互交流をよくし、お互いに意見の交換をする。二〇〇人以上の従業員がいる企業では、違った部署から二人のマネージャー、健康と安全の責任者と職制の違ったスタッフを含める。

次のような重要問題を話し合う。

(1) この対策のもとで、どのような疑惑を申し立てるのか。

内部告発の社内システムは、苦情や不満とは区別する。苦情対策は、個人的な利益に帰するものであるが、内部告発は公益である。どこまでを対象にするのか、贈り物や接待のルールについても議論する。

(2) 内部告発対策を利用するのは誰か。

従業員でなくても自営業者、家事従業者、試用期間中の者や外部の契約者にも利用できるようにする。たとえばスーパーマーケットの商品を卸している流通業者など。

(3) 誰に疑惑を申し立てるべきか。

直接の上司に、まず通報するように奨励する。それができない事情があれば、信用でき、安全でアクセスできる次の部署を確保しておく。統括マネージャー、会社の秘書責任者、人事担当責任者など。組合があれば、重要な役割を果たす。

(4) どのようにして疑惑を申し立てるのか。

理想的なシステムは、最初に電話で疑惑を通報する方式である。従業員が、必要ならプライバシーを保ちながら、どのようにして簡単に連絡できるかを話し合う。

最初から従業員に、名前や内容を秘密にしておくことを申し合わせておく。申し合わせがなければ、誰にも名前は明らかにしないことをグループで話し合う。しかし申し出が誰であるかわからなければ、回答もできないし、保護もできないことになる。

証拠が必要なとき、警察の介入があったとき、告発者に名前を明かすように頼むこともあり得る。一般的に告発者は協力的ではあるが、告発者の意志を尊重すべきである。
(5) どのような行動をとるのか。
懸念は調査され、適切な処置が取られることを通報者に伝える。調査はオープンに適切に行なわれることが大切である。
(6) 回答は期限内に出す。
調査で判明したことを回答する。公益公開法では、告発者は問題が調査され、処理されたことを知らなければ、外部に告発しても保護されることになっている。担当部署は、フィードバックを与えるべきであり、会社は回答の期限をつけておくべきである。
(7) サポートと助言を受ける。
内部告発を取り扱う担当部署は、相談やサポートをする民間団体の役割を話し合う。
(8) 法律は外部への通報を保護している。
公益公開法は、通常内部に通報すべきであるとしている一方、外部団体の役割をグループで検討すべきである。法は、合理的で公正であれば、行政に通報することも保護している。さらにもっと広く、メディアや国会議員団のような専門団体への告発も保護している。

外部への通報を積極的に奨励する必要はないが、もし監督行政に連絡をすると、懲罰を受けるだろうと恐れられるようなことをしてはならない。従業員が社内に疑惑を話してくれるのがベストではあるが、行政に通報するのは、黙っているよりもよい。なぜなら、沈黙すれば損害が大きくなるまで発見することができないからである。

（9）対策の促進。

社内対策を成功させるには、どのようにすればよいかをグループで議論する。チームごとに説明する、責任者からの手紙を従業員の給与表にメッセージとして入れるなどが、新しい方対策の通知方法である。肝要なのは、経営のトップがこの方策に関わっていることを明確にすることである。

最も効果的な方法は何かを話し合う。会社の目立つところにポスターを貼る、ニュースレターの記事、ポケットガイド、講習会などは従業員に自覚を促すよい方法である。地方紙や業界団体の新聞社に記者発表をする。

ステップ2　対策の準備をする

対策の草案と同意

グループでの議論からでたアイディアや提案を参考にしながら、会社の独自の内部告発対策を練り上げていく。

その作成した案をワーキング・グループと管理職に提出し意見を聞き、さらに広くコメントを求める。

法的検討と取り決め

（1）契約と罰則手続き

雇用契約と罰則ルールは、内部告発者保護法と矛盾することなく、従業員が混乱しないようにする。特に機密条項の契約は、法に違反しないように見直されなければならない。

（2）解雇勧告

内部告発者に退職を勧告したり、所管官庁に通報することを防止しようとすると、違法になることを知る。

（3）契約社員や取引業者との取り決め

契約社員や取引業者も内部告発者保護対策に適用するなら、契約書の見直しが必要である。

（4）所管官庁

所管官庁に通報することを特別に記述するなら、前もって連絡をして詳細をチェックすること。懸念についての適切な回答が得られることを確認しておく。会社の対策を通知しておく。

説明と訓練をする

会社の管理職に、内部告発手続きを通して出された疑惑の申し立てや、その扱いについて説明するとき、直ぐに理解されなければ効果はない。システムに沿って疑惑を申し立てた従業員への回答は、法的に責任がある。説明のマニュアルを作成し、訓練をする。

疑惑を申し出る

職場では次のことを理解すべきである。

・従業員、会社、担当者のすべてにとって、社内システムが重要である。
・純粋な疑惑を申し出ることは、〝密告者〟〝告げ口屋〟〝トラブルメーカー〟ではない。
・疑惑が真実であるかどうかの証明を求めてはいけない。正直な申し出であるかどうかだけを考える。
・早期の疑惑の申し出がベストである。
・疑惑は不満とは違う。
・純粋な申し立てではあるが、事実が見つからないときでも、罰則を課してはならない。
・間違った疑惑で悪意ある申し立ては、罰則の対象になる。
・内部告発手続きを利用する人を思い止まらせることは、罰則の対象になる。

・真正な意図で内部告発手続きを利用する人を、いじめたり、疎外し、犠牲にすることは、罰則の対象になる。

疑惑を処理する方法が理解されているか

マネージャーや責任者は、疑惑の申し出に対しての扱いを理解しているかを確認する。

・システムはどのように機能するか。
・調整、調査、疑惑の記録の取り決め。
・疑惑、苦情、不満の違い。
・従業員が疑惑の申し出の前に必要な確認をする。
・従業員が望むなら、秘密は尊重され、身分は同意がなければ公開しない。
・もし内部告発者が犠牲になっていると感じるなら、できるだけすばやく処理する担当者に連絡する。
・疑惑の調査に対しての回答は、その当人に与えるべきである。
・不正についての情報を隠したり、ねじ曲げたりした人は罰則が課せられる。

ステップ3　取り決めの監視をする

社内対策が目的どおり行なわれているかの確認は、モニターを通して行なう。

記録が保管されているかを確認する。秘密を希望した人の身分などを明らかにしていないかに注意する。

対策の有効性をモニターするよい方法は、問題が発生しているが、誰も告発しないなど、対策が利用されない理由を見つけることである。

評価するために記録を監視する。

・従業員は対策を適切に利用しているか。
・疑惑は適切に調査され、処理されているか。
・会社に行き交っている疑惑に、対策は対応できるか。
・対策は不正を抑止するのに効果的か。
・対策の認識を高めるために、さらに必要なことはないか。

ステップ4　対策を伝える

ワーキング・グループから出たアイディアを使いながら、対策を伝達する資料ができているか、正しい場所にあるかを確認する。従業員がこの対策を知らなければ、努力は水泡に帰すということを念頭に入れておく。

社内に配布する「内部告発対策のお知らせ」の見本

ご案内

我々すべて、一度や二度は、職場で起きていることに疑惑を持つことがあります。通常これらの疑惑は簡単に解決されています。しかし違法行為であり、金銭的な不正や、市民や環境に危険が迫っているとき、何をすべきかを知ることは難しいものです。

あなたはその問題を通報するかどうか、迷います。自分で疑惑を、胸にしまっておきたいと思うかもしれません。多分自分に関係がない、あるいは疑いだけだからと、考えるかもしれません。それを通報することは、同僚、管理職、会社に不実であると思われると、感じるかもしれません。たとえ話そうと決めても、適切でない人に、あるいは次に何が起きるかを確かめないで、間違った方法で、通報するかもしれません。

わが社は、早い段階に、正しい方法で、不正行為を通報できる手続きを立ち上げました。我々は、証拠を揃えるための時間をかけるより、疑惑があったときに通報をして欲しいと願っています。

何かトラブルがあり、それを我々が知り、調査すべきであると考えたときは、どうか社内のシステムを利用してください。しかし、もし個人的な不満であれば、どうか苦情処理手続きを利用してください。内部告発対策は、他人の利益や組織そのものが危険にさらされている、といった問題を扱っています。

疑惑があれば、通報してください。

対策の草案

我々はあなたを守ります。
あなたは安全です。

会社の責任者がこの対策に関わっています。もしあなたが純粋に懸念を持ち、この対策通りに通報するなら、職を失ったり報復を受ける危険はありません。もしあなたの疑惑が間違っていたとしても、純粋な忠誠心で行なったなら、問題はありません。もちろん真実でないことを知っているのに悪意で通報すれば、この保証はありません。

あなたの秘密は守られます。

純粋に懸念を申し立てた人を犠牲にしたり、嫌がらせをすることはありません。あなたが内密に通報したいなら、あなたの同意がなければ身分を明かしたりしません。もしあなたの身分を明かさなければ、我々で解決できない状況になったとき、話し合いましょう。(たとえば裁判で証拠が必要なとき)

ただあなたが身分を明かさないなら、調査をしたり、あなたの地位を守ったり、返事をしたりすることができません。したがって匿名の報告の場合、この対策では適切でないと考えています。

疑惑はどのように処理されるか。

通報された疑惑は、どのような処理をすべきかを検討するために調査します。誰がそれを扱うかをあなたに報告します。もし要求があれば、疑惑の概要とどのように扱うかを書いておきます。

この対策は、不正をできる限り調査し、処理するための第一歩です。ただ相手のプライバシーの守秘義務を破る恐れがある場合、あなたに正確な報告をできないこともあります。

どのように疑惑を申し立てるか。

ステップ1　もし不正の疑惑があれば、書面か口頭で、最初にマネージャーに通報してください。

ステップ2　どのような理由であれ、マネージャーに通報できなければ、次の人に通報してください。内密にすることを希望するなら、適切な対応をします。

（企業内の担当部署の責任者か担当者の名前を書く）

ステップ3　これらの対処ではまだ懸念がある場合、あるいは問題が深刻で、この方法では解決ができないなら、次のところに連絡してください。

統括マネージャー、社長、上席人事部長

第三者の助言

もし第三者機関のアドバイスを受けたくても、どこがいいかわからない場合は、次のところを勧めます。

(可能ならば）労働組合、内部告発について助言や相談を行なっている団体を紹介。

無料で信頼できる弁護士を紹介。

外部へ通報

オプション1　内部に通報することを希望しますが、外部に通報することもできます。行政や民間団体、組合などがあります。

オプション2　あなたを守ることを保証している社内対策を通じて、内部に通報することを望みますが、外部機関では行政がよいでしょう。悪意を持たないで、懸念の証拠を持って、外部に通報してください。（所管する行政のリストを掲載する）

もし満足ができなければどうするか。

回答に満足ができなければ、企業内でも他の方法で通報はできます。あなたが望むすべてに答えることができるという保証はありませんが、我々は公正に、適切に処理します。

この対策を利用することで、あなたの行動が我々を助けることになるでしょう。

七　社内対策を検討する時のマニュアル

内部告発システムを設置する前のチェックリスト

①基礎の準備	・管理職の同意を得る。 ・ワーキング・グループか、その他の相談部署を創設。 ・目的と狙いを明らかにする。 ・リスクと動機を明らかにする。
②対策の草案を書き出し相談する。	・対策の草案を書くのを補助するワーキング・グループを設立、情報を収集する。 ・相談する人々が、対策の理由を明確に理解し、いつ、どのように利用するかをチェックする。
③対策のもとで申し出られた疑惑を調査する手続き。	・いったん疑惑が申し出られると、どのような行為が、誰によって処理されるのかを決める。 ・疑惑を記録し、回答を調整するシステムを確立する。 ・調査の管理責任は誰かを決める。 ・他の組織（検査機関や担当行政）に、いつ知らせるかを決める。

	・どのように、いつ、従業員にフィードバックするかを決める。
④不正行為の証拠を隠匿するように誤解されない疑惑を申し立ててもいじめられない。	・不正の証拠を隠したり破壊したりする違反行為に懲罰を課す。 ・告発の禁止や、懲罰は行なわないことを確認する。解雇同意書など関連した契約書の機密条項を見直す。
⑤同僚やマネージャーなどが疑惑を申し立てた従業員をいじめないようにするステップを作成。	・内部告発者へのいじめは、深刻な問題であり、告発が懲罰的な行為となる条項を修正する。 ・告発は従業員にとって法律違反ではないことを確認するために懲罰条項を見直す。
⑥監督官庁と連絡をとり、対策を伝える。	・内部告発対策があることを説明し、コピーを提出する。 ・連絡の内容が正確かチェックをする。 ・疑惑を申し立てる従業員たちにフィードバックをすることを確認する。
⑦監督官庁に直接行なっても守られないことを確認する。	・適切な連絡先は誰か、どのような手続きかを確認するために、監督官庁と連絡を保つ。 ・対策のコピーを提供する。
⑧内部告発対策にアクセ	・下請け業者や契約社員との契約の見直しをする。

するために下請け業者や契約スタッフに手渡す。	
⑨対策の利用と影響を監視するシステム	・申し出られた疑惑を記録するシステムを作り、どのように処理るか、誰がするか、その結果はどのようにするかのシステムを作る。どの取り決めも内密に取り扱われることを確認する。 ・このシステムを扱う責任者を決める。 ・対策の見直しは誰がするかを決める。 ・どのくらいで対策を見直すか。一年に一回が理想。
⑩従業員にはどのようにして疑惑を申し立てるのか、監督者には疑惑をどのように扱うのかの訓練や説明をする。	・従業員や管理職に必要な訓練を明らかにする。 ・訓練スケジュールを工夫する。
⑪対策を始めるための計画表の最終仕上げをする。	・従業員に、いつ、どのようにして新しい対策を知らせるかを明らかにする。 ・対策を促進するための伝達方式を明らかにする。

⑫従業員が疑惑を申し出ても安全で受入れられることを通知する。	・上級管理職と実行プランを見直す。 ・内部告発対策を紹介する。

対策後のチェックリスト

①従業員は対策を適切に利用しているかを確認する。	・対策の範囲内で申し立てられた疑惑を分類する。 ・対策の利用は訓練されていたか、訓練中かをチェックする。 ・不正が社内の対策を通してでなく、なぜ他の方法で明らかにされたかをチェックする。 ・対策を理解してもらうための次の行動が必要かを決める。
②疑惑は適切に処理されたかを確認する。	・記録を検証する。 ・記録から必要であると判断したとき、管理職の次の訓練を計画する。
③方策の認知レベルを決める。	・従業員が適切な回答を受け取ったかをチェックする。 ・社内対策に向けての従業員アンケートを実施する。 ・システムに対する従業員の信頼度評価をする。

	・メッセージがポスター、チームによる説明会、ニュースレター、他のコミュニケーション手段によって補充されているかをチェックする。 ・社内対策の認知を高めるために次の行動は何かを決める。
④公益公開法のもとで、対策はいかなる進展にも遅れをとらないことを確認する。	・公益公開法に関連した裁判からルールをチェックする。 ・運動団体のインターネット・サイトで情報をチェックする。

「職場における公益」からの追加援助

＊ヘルプ電話を利用する——五年以上の経験を積んだこの団体が、無料で助言をする。

＊訓練の実施——従業員から信頼され続けるにはどうすればよいかなど、微妙な方策のミスをしないように、訓練する。数百というケースを事例に使う。

＊遵法の検証——団体の法律家が、個々の企業の法対策を検証する。

＊調停制度——はじめは問題が手に負えないように見えるかもしれない。同団体が行なっている調停制度は、実際的な紛争の処理をし、「木を見て森を見ず」にならないように手助けしている。

八　内部告発運動団体

内部告発運動は、アメリカではセクシャル・ハラスメントの運動以来の権利運動だと言われている。イギリスでは、人種差別運動や女性運動に次ぐ運動だと認識されている。これらの運動の中核を担った団体を紹介する。

ＧＡＰ(Government Accountability Project)政府の説明責任を求める会

ワシントン市内の法学部の学生が中心になって、ラルフ・ネーダーの主張に同調して作られた。弁護士や市民活動家が内部告発者の相談、援助を行なっているグループである。職場での健康に脅威をもたらすこと、違法行為、行政の無駄使いなどを知った内部告発者などを援助する。ワシントンＤＣとシアトルに事務所を置き、学生のためにインターン制度を設置している。現在までに五〇〇人以上が訓練を受けたという。最近のテーマは原子力兵器、食品の安全性、安全保障、従業員の健康と安全、石油会社の説明責任である。

ＰＯＧＯ(Project on Government Oversight)政府を監視する会

一九八一年に設立された、非行政、非営利団体である。防衛、エネルギー、環境問題で政策の変更を迫る組織である。もともとは軍事費の乱用を監視する組織として作られた。当時軍隊の備品に、一台のコーヒーメーカーに七六〇〇ドル（約九九万円）、家庭用のペンチ一丁に一〇〇〇ドル（約一三万円）を計上するケースもあった。政府の監視団体として独自の調査をするネットワークを作った。その過程で働く人からの内部告発者を歓迎し、その人たちの保護運動も行なうようになった。

National Whistleblowing Center　アメリカ内部告発センター

一九八八年に設立された。政府や企業にいる内部告発者を代表して、出版物や教育的資料を発行している。

Public Concern at Work　職場における公益

イギリスの独立したＮＰＯで、内部告発に関する情報提供と監視、相談を行なっている団体である。「公益公開法」制定運動の先導役として活躍し、評価されている。政府からは一切の援助は受けず、個人の寄付と基金財団などに頼っているが、企業からも賛助資金を得ているので、偏りがないように、上限を決めている。スタッフは法曹界等、様々な分野から集まり、二〇人以上からなるアドバイザー委員会を設置している。

Ethics Resource Center　倫理資料センター

一九七七年に設立された。組織の倫理的行為を推進するために非営利で活躍する。学校のクラスから企業の取締役室まで対象を広くし、調査と多くの助言活動をしている。

International Network of Whistleblower Protection Organization　国際内部告発保護ネットワーク

国際的ネットワークで、公益のために内部告発の促進と保護を目的にしている。この目的に同意する組織に開かれたネットワークである。あらゆる国からの参加を呼びかけている。創立団体には、アルゼンチン、ドイツ、ロシア、スウェーデン、イギリス、アメリカがある。

Transparency International　国際的透明性を求める会

ドイツのベルリンに事務所を置いている。市民社会の構築のために国際的、国内的な不正抑止に活動している非行政、非営利団体である。国家、市民社会、私的組織を含む利害関係者のすべてを巻き込み、不正と闘う。企業、政府、市民が共に、不正と戦うシステム構築を目的にしている。どのようにして不正と闘うかという検討過程で、内部告発が個人ができる最も効果的手法であるとしている。

まとめ

内部告発を社会的に奨励することは、その社会が高度な倫理観を理解でき、現実はともかくとして、理念として倫理が上位にある文化でなければならない。さもなければ、内部告発は単なる密告になり、個人の嫉妬や怨念、欲望、排斥の道具として堕落してしまう。したがって内部告発が奨励できる社会は、文化的に個人の利益追求を越えたものを語ることができる社会である、といえよう。欧米では内部告発を文化にまで高めようとするのは、人間は本来怠惰であり、臆病であり、個人の強い意志がなければ、不正や汚職が社会に蔓延してしまうという認識をもつからである。日本社会も、筆者のアンケート調査から推察すると、高度な理念を理解できる人々がふえつつある社会であると確信できる。

規制緩和は、行政の監視業務を民間に委ねることでもある。商品の安全性の分野でも、たとえば電気製品のマーク認証によって、多くの商品が企業の自主認証制度に移行した。行政の検査ではなく、各企業に安全基準の合否の認証を委ねることになった。今後も多くの分野で規制緩和が進行する。欧米では、この規制緩和は、内部告発者保護システムと平行に行なうべきであると主張されている。つまり、行政のチェックではなく、企業内部の従業員による監視で、違法の摘発や安全性を担保するシステムである。ここで従業員の冷静にして、高潔な市民意識と個人の確立という問題に直面する。

組織と一体化してきた関係が崩壊しつつあるとはいえ、日本は歴史的にも〝義理人情〟や〝和をもって、貴しと為す〟ことが高い徳として、血肉になっている社会である。このような社会が、一宿一飯の恩を受けた身近な関係の義理を越えて、直接関係がない人々の命や財産を守るという行為を、認知し賞賛する社会に変貌することができるだろうか。

情報公開法が施行され、行政や企業の説明責任が重くなってきた。「臭いものには蓋」ではなく「臭くならないようにみんなでチェック」である。すべてオープンにすることが不正の抑止に繋がる。果たして我々は、同僚や上司の不正をオープンにできるシステムを構築できるだろうか。

内部告発のケースは、消費者クレームと区別されている。個人が受けた危険や危害、または財産的損害を救済してもらうことは、当然の権利として定着し、疑問をはさむ人はいない。もちろん消費者の要求は、一人の救済にとどまらず、多くの消費者の被害を未然に防止するためでもあるが、内部告発の多くは、個人的な被害を超えた〝パブリック〟のためという概念である。

市民運動と消費者運動の違いでもあろうか。市民意識と消費者意識、あるいは市民教育と消費者教育の違いと置き換えてもいい。消費者運動は、主として〝奪われたものを取り返す〟運動であるが、市民運動は経済、社会、政治のすべての分野で、市民パワーを発揮するための運動であり、〝新しい市民主体の社会を作り出す〟のが目的である。内部告発はこうした市民運動の一環として位置付けられる。

内部告発者の歴史は決して英雄の歴史ではなかった。多くの人たちが自分の不利益を知りながら告発し、職を追われて倒れた死屍累々の歴史であった。しかしそれを乗り越えて、あるいは逆にその歴史があったからこそ、内部告発者保護法を制定し、システムを構築しようとしているのだといえよう。食肉工場で米連邦検査員がマスコミに、病気の鶏が学校給食用に流れていると告発したことは、多分ごまかしの弥縫策でおわっていたところを、その後の画期的、基本的な工場内の改善へと導いた。科学者の不正論文のチェックも、科学者による内部告発を奨励することで解決しようとしている。政府や企業の汚職に対しての内部告発者を表彰する国際団体の活動もある。

このように内部告発文化に向けた世界の歩みは、急速に広がり、加速していくようである。

Office of Special Counsel, 1996
* Whistleblowing Introductory Booklet, Public Concern at Work, 1999
* Current Law Statutes, Public Concern at Work, 1999
* Whistleblowing Post-Implementation Checklist, Public Concern at Work, 1999
* Whistleblowing Implementation Guide, Public Concern at Work
*『消費者と事業者の間の信頼の再構築の在り方』に関する資料，国民生活局，平成 13 年 10 月 5 日
*『自主行動基準作成の推進とコンプライアンス経営』，コンプライアンス研究会，内閣府国民生活局，2001 年 9 月
* 水口剛他著『ソーシャル・インベストメントとは何か』日本経済評論社，1998

参考資料

* Richard T. De George, Business Ethics, Prentice Hall, 1995
* Terance D. Miethe, Whistleblowing at Work, Westview Press, 1999
* Tom Morris, If Aristotle Ran General Motors, Henry Holt and Company, 1997
* Mary Schiavo, Flying Blind, Flying Safe, Avon Books, 1997
* Carrick Mollenkamp, The People Vs. Big Tobacco, Bloomberg Press, 1998
* Gerald Vinten, Whistleblowing, St. Martin's Press, 1994
* 外国の立法，国会図書館刊行，No. 210，2001 年 10 月
* 首藤信彦著，ディファンシブ・マネジネント，東洋経済新報社，1998
* Whistleblowers, CQ Researcher Dec.5, 1997 Volume7, No45
* Which? Blowing the Whistle, Consumer Association, APRIL 1996
* "Whistleblowing to Combat Corruption" Final Report the Meeting OECD, 2000
* "No Longer Business as Usual" OECD, 2000
* Citizens Against Corruption Calling Governments To Account, OECD, 2000
* Luis B Hansotte, A whistleblower's Handbook
* David Hall and Steve Dvies, Corruption and Whistle blowing a Background Note for TUAC, PSIRU, 1999
* DENW Compliance Handbook, Eisai Network Companies 第二版，2001
* 経営倫理，No22・2001 年 11 月 25 日発行，経営倫理実践研究センター
* The Role of Office of Special Counsel, United States of America,

宮本一子（みやもと　かずこ）
立教大学法学部卒業
国民生活センター非常勤職員などを経て、現在、（社）日本消費生活アドバイザー・コンサルタント協会消費生活研究所長
川村学園女子大学専任講師、国学院大学非常勤講師

著書　『ティーとおむすび』サンケイ出版社　『アメリカ女性も変わった』サイマル出版会　『かしこい共働きの子育て十則』サンマーク出版　『くらしの商品安全学』筑摩書房　『商品安全白書』（共著・神戸賞受賞・悠々社）

<国・自治体の委員>
産業構造審議会（情報経済分科会、消費経済部会消費者取引小委員会など）
総合資源エネルギー調査会臨時委員、石油化学品審議会部会委員、高圧ガス及び火薬類保安審議委員
横浜市消費生活審議会委員
業界団体・企業の運営委員・非常勤理事

内部告発の時代——組織への忠誠か社会正義か——

2002年5月16日　初版第1刷発行

著者 —— 宮本一子
発行者 —— 平田　勝
発行 —— 花伝社
発売 —— 共栄書房
〒101-0065　東京都千代田区西神田2-7-6 川合ビル
電話　03-3263-3813
FAX　03-3239-8272
E-mail　kadensha@muf.biglobe.ne.jp
http://www1.biz.biglobe.ne.jp/ ~kadensha
振替 —— 00140-6-59661
装幀 —— 神田程史
カバー絵 —— 平田真咲
印刷 —— 中央精版印刷株式会社

ISBN4-7634-0386-9　C0036